Jennifer Dargel



# TERRAZZO Dekoideen

## EINFACH SELBER GIESSEN

**Bibliografische Information der Deutschen Nationalbibliothek**
Die Deutsche Nationalbibliothek verzeichnet diese Publikation in der Deutschen Nationalbibliografie. Detaillierte bibliografische Daten sind im Internet über https://dnb.de abrufbar.

**Für Fragen und Anregungen**
info@mvg-verlag.de

Originalausgabe
1. Auflage 2023

Türkenstraße 89
D-80799 München
Tel.: 089 651285-0
Fax: 089 652096



Umschlaggestaltung: Manuela Amode
Umschlagabbildung: Julia Schärdel (AUEN60)
Fotos: Aufmacherfotos: Isabel Winckler (Isabel Winckler – Photography), Stepfotos: Jennifer Dargel, restliche Fotos: Lars Dargel
Layout: Manuela Amode
Satz: Bernadett Linseisen (schere.style.papier), München
Druck: Firmengruppe APPL, aprinta Druck, Wemding
Printed in Germany

Wir produzieren nachhaltig
www.m-vg.de

ISBN Print 978-3-7474-0536-9

Weitere Informationen zum Verlag finden Sie unter
**www.mvg-verlag.de**
Beachten Sie auch unsere weiteren Verlage unter www.m-vg.de

Jennifer Dargel

# TERRAZZO Dekoideen

## EINFACH SELBER GIESSEN

Mehr als 15 DIY-Projekte mit allen Grundlagen und -techniken

mvgverlag

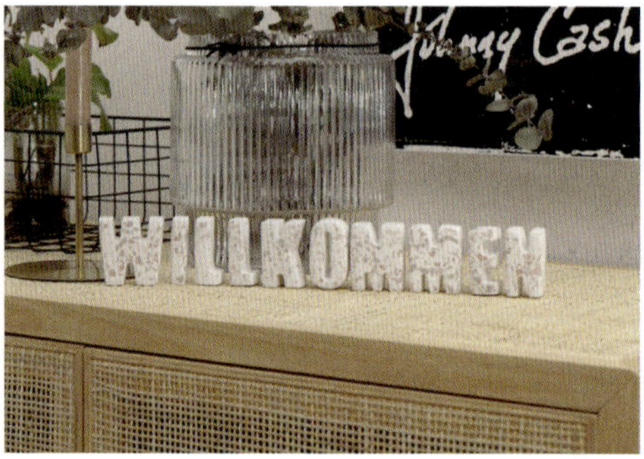


# Inhalt



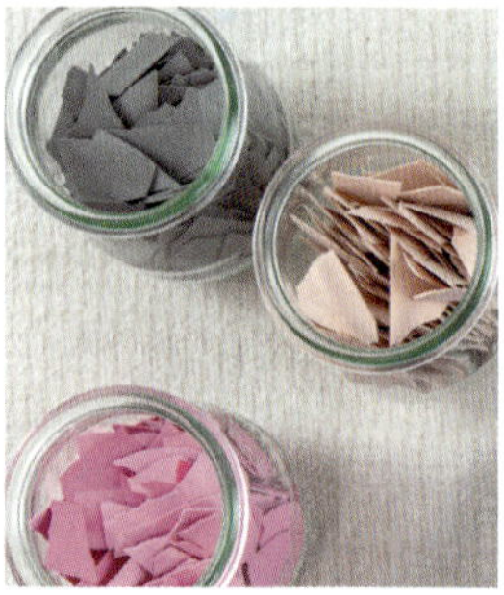

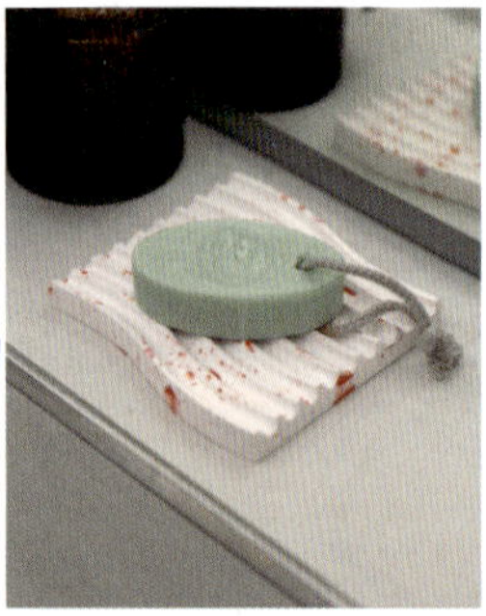

## NÜTZLICHE TERRAZZO-PROJEKTE FÜR KÜCHE & BAD



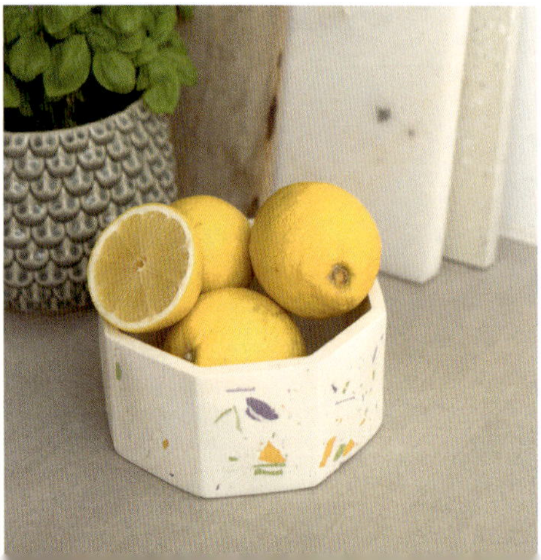

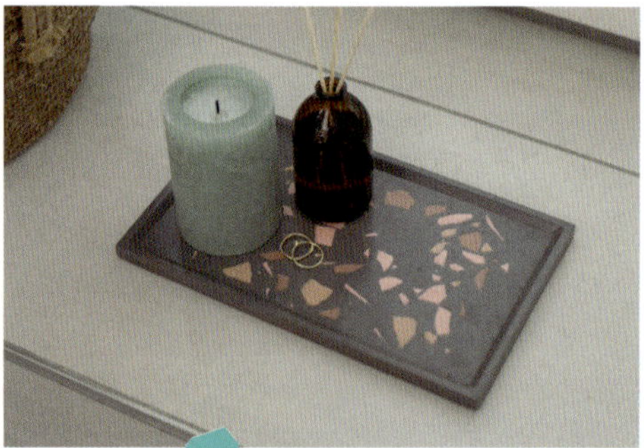

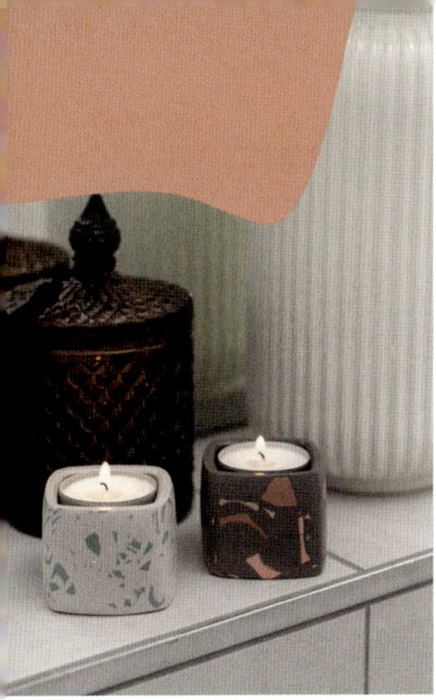

## WUNDERSCHÖNE TERRAZZO-PROJEKTE FÜR DEN WOHNRAUM



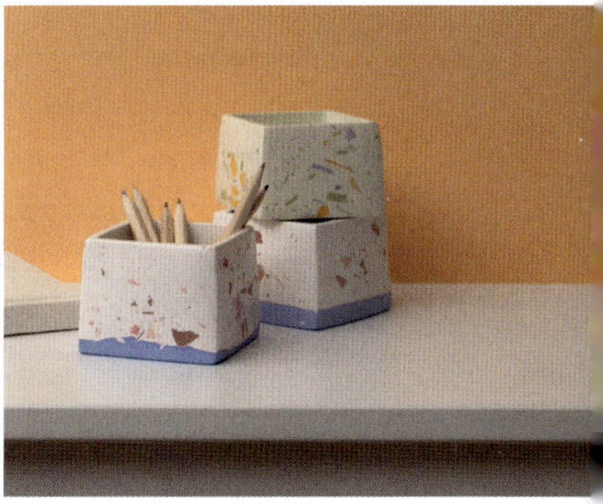

## STYLISCHE TERRAZZO-PROJEKTE FÜR DEN SCHREIBTISCH



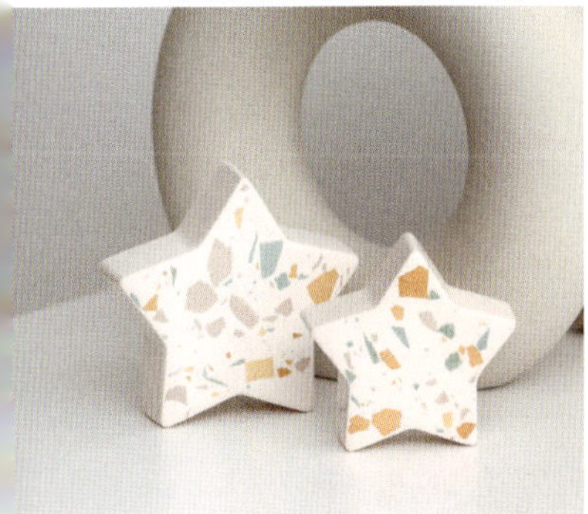

## ZAUBERHAFTE WEIHNACHTSDEKO IM TERRAZZO-LOOK

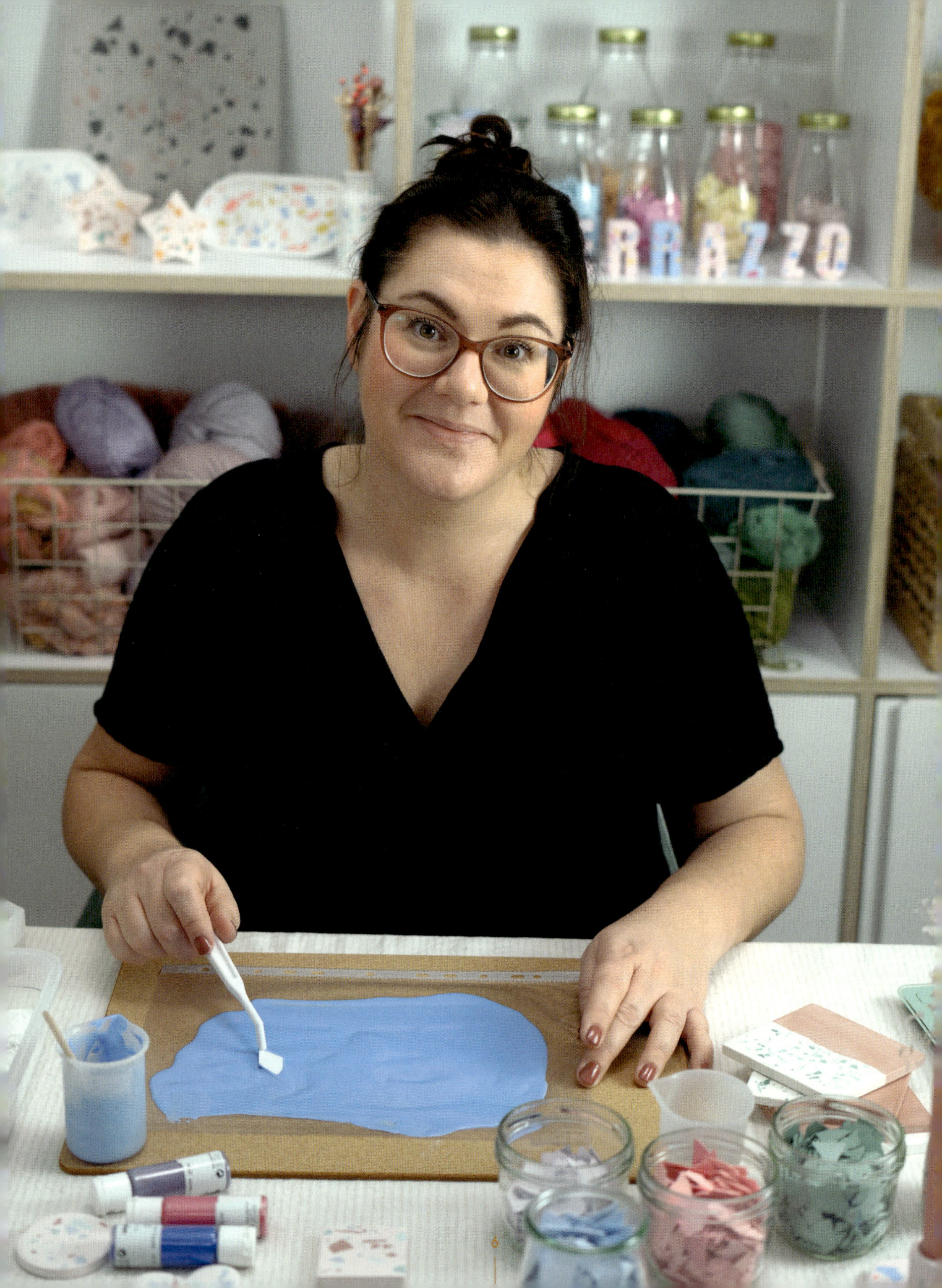

# Vorwort

Es gibt Projekte im Leben, die probiert man aus und ist von der ersten Minute an restlos begeistert. So ging es mir beim Gießen von Terrazzo-Dekoration. Ich habe es ausprobiert und mich direkt in die Herstellung und Ergebnisse verliebt. Anschließend konnte ich nicht mehr aufhören, und so ist dieses Buch entstanden.

Die Herstellung von Terrazzo-Dekoration ist so einfach & vielfältig: Magst du es bunt und verspielt oder lieber ruhiger Ton in Ton? Möchtest du etwas für dein Wohnzimmer, die Küche oder das Badezimmer zur Dekoration herstellen oder eine hübsche Aufmerksamkeit verschenken? Magst du etwas Nützliches wie Glasuntersetzer oder ein reines Dekorationselement herstellen? Deinen Möglichkeiten sind keine Grenzen gesetzt.

In diesem Buch findest du Dekorationsobjekte im stylischen Terrazzo-Look für jeden Raum und für viele Anlässe. Von Schmuckschalen über Blumenvasen bis hin zu hübschen kleinen Geschenkanhängern, dieses Buch ist gefüllt mit Inspiration, Farbvorschlägen und Ideen für deine ersten Terrazzo-Objekte. Selbstverständlich erkläre ich dir Schritt für Schritt, wie du dein erstes Gießobjekt herstellen kannst, und verrate dir Tipps & Tricks, die das Gießen einfacher machen.

Für noch mehr kreative Ideen rund ums Gießen von Terrazzo-Objekten (und darüber hinaus) besuche mich auf Instagram @sonntagskreativitaet.

Ich freue mich, wenn wir uns wiedersehen.

Viel Spaß beim Ausprobieren!

Jenni

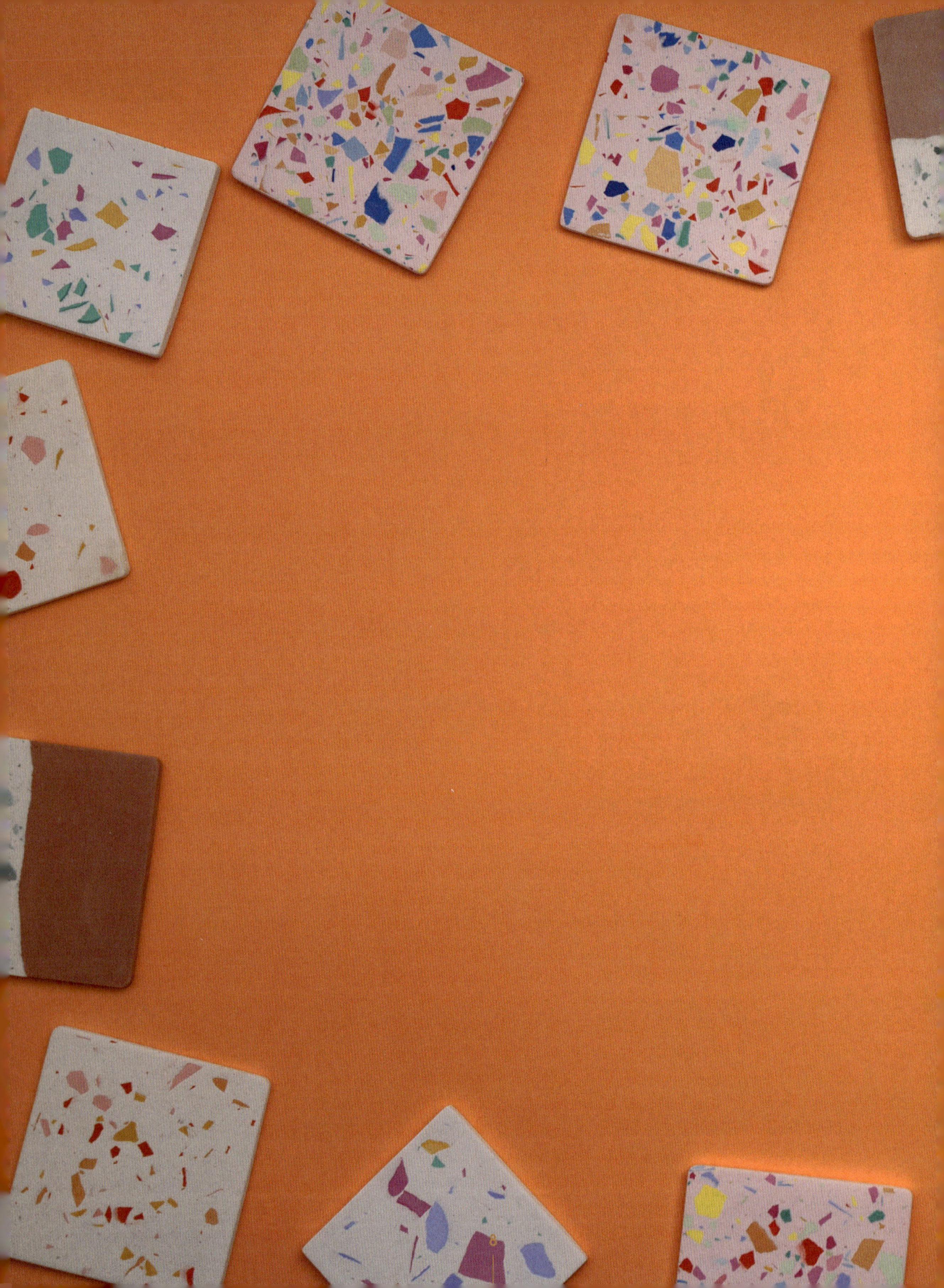

# DIE TERRAZZO *Basics*

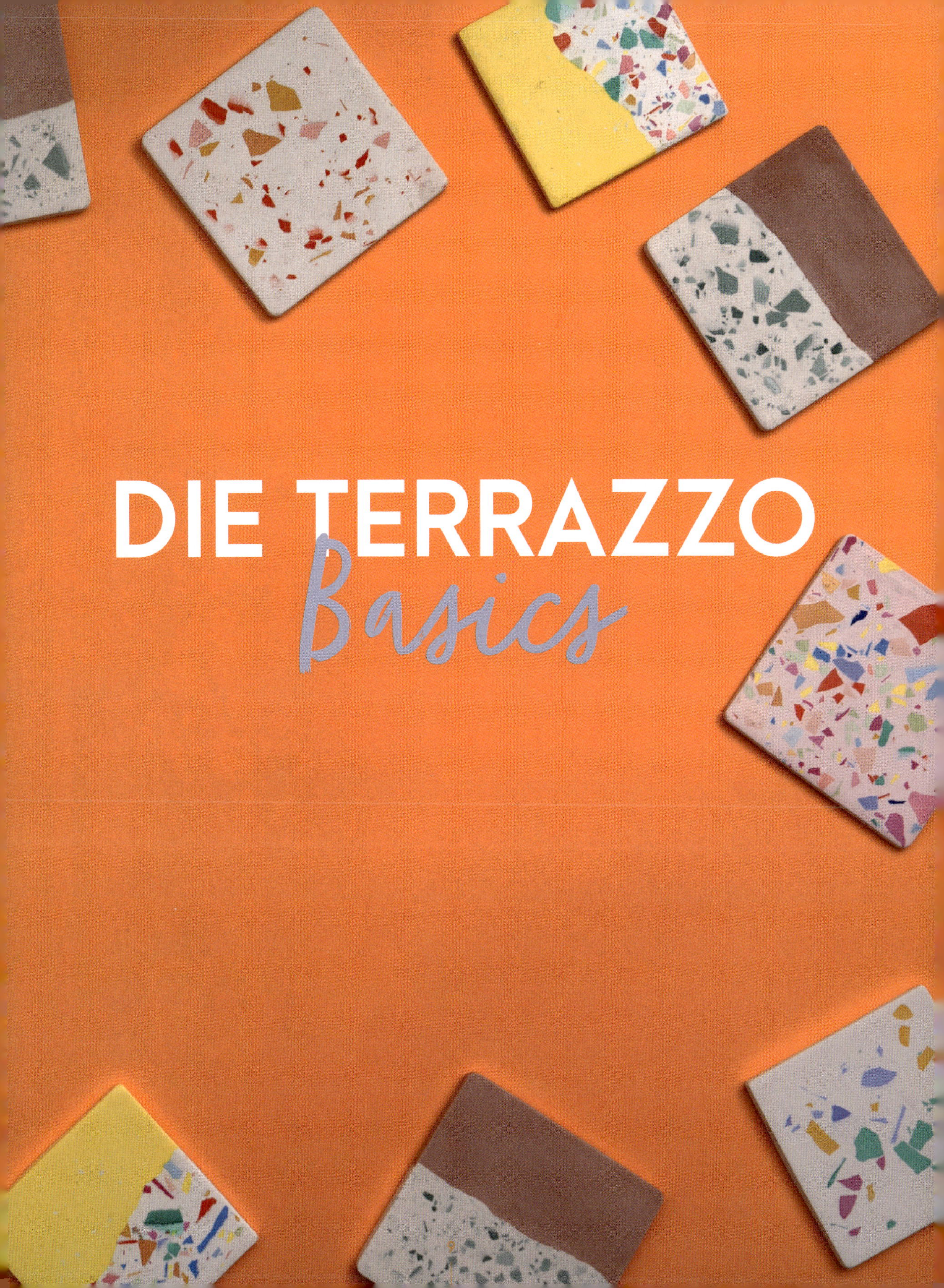

# Utensilien

Zum Gießen von Terrazzo-Dekoprojekten benötigt man folgendes Zubehör:

## GIESSPULVER (GRUNDMASSE)

z. B. Raysin von Rayher, Pigmente flüssig, Pigmentepulver z. B. von Rayher

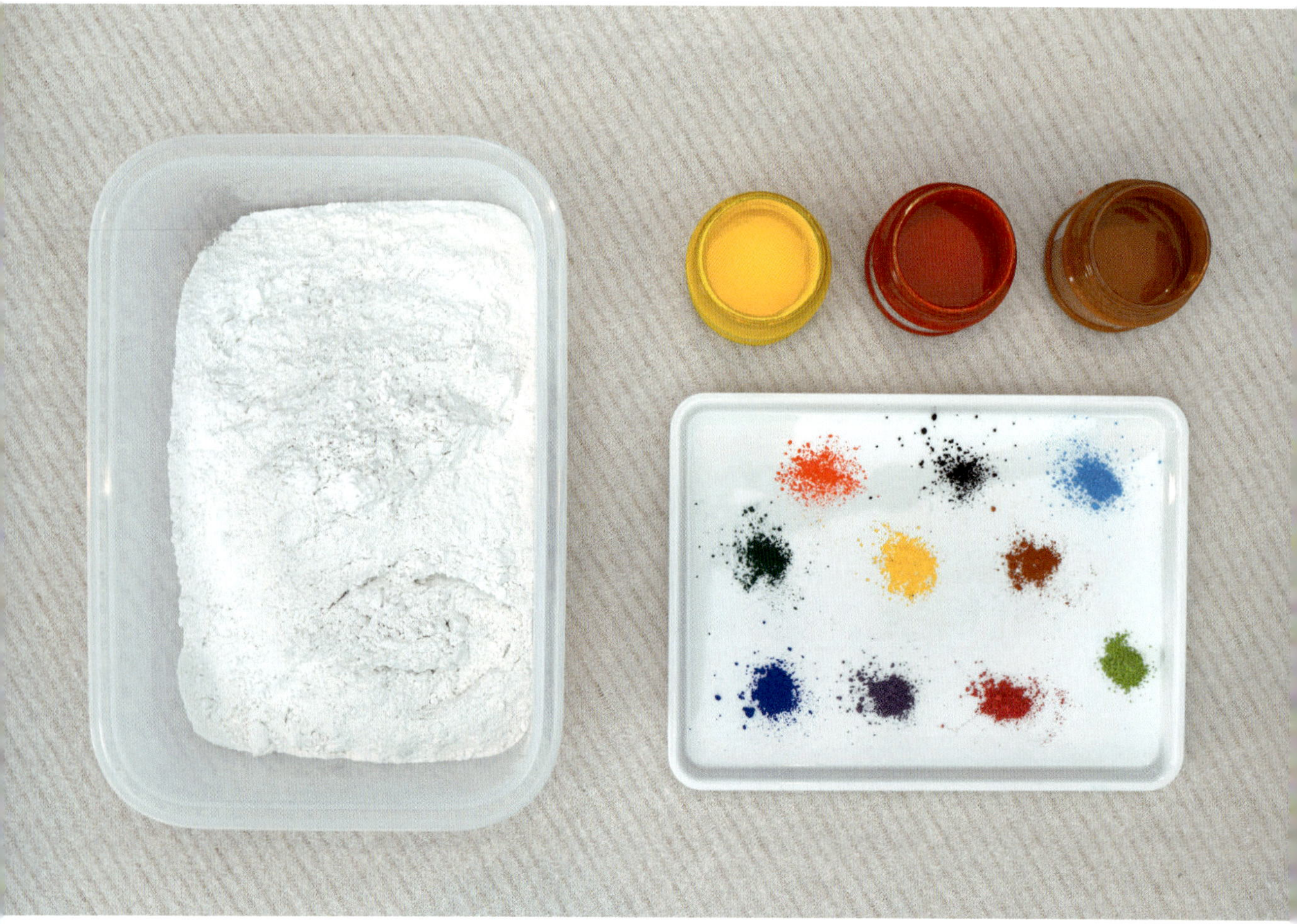

## GIESSFORMEN

aus Silikon, Kunststoff oder Acryl z. B. von Rayher oder Etsy

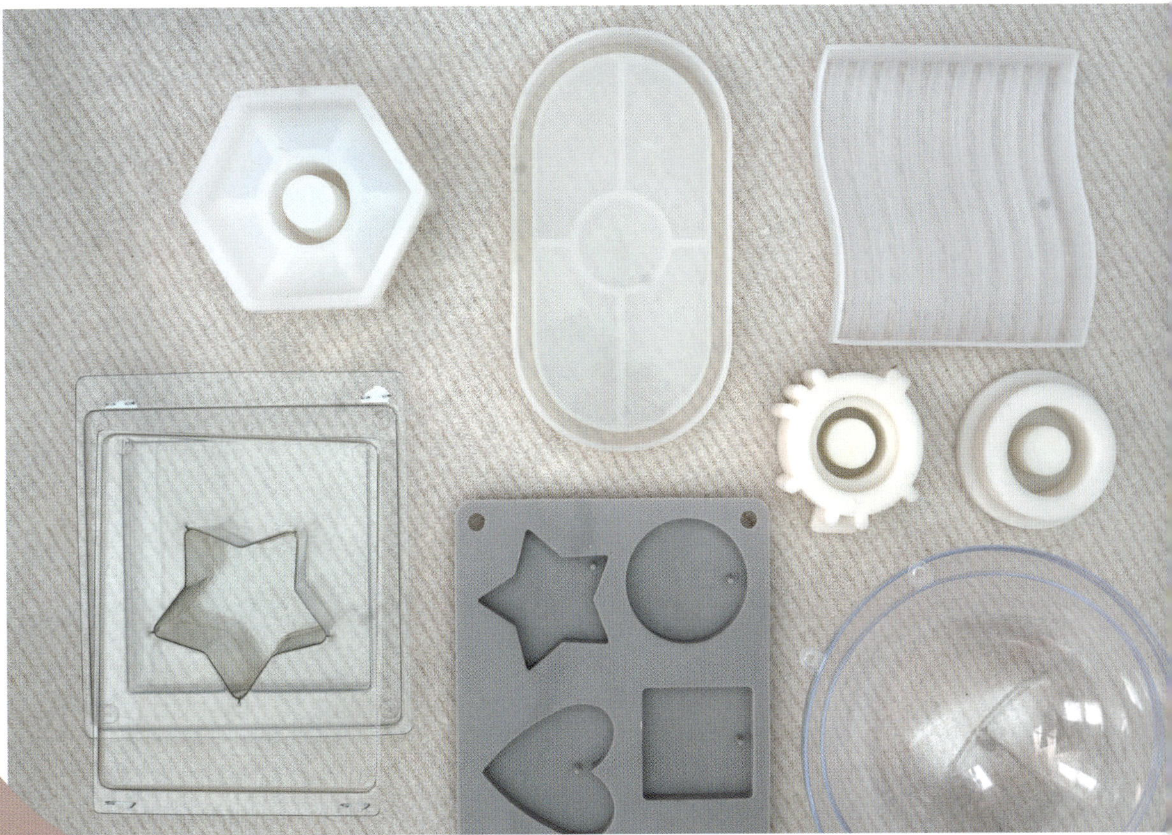

# Weiteres Terrazzo-Zubehör

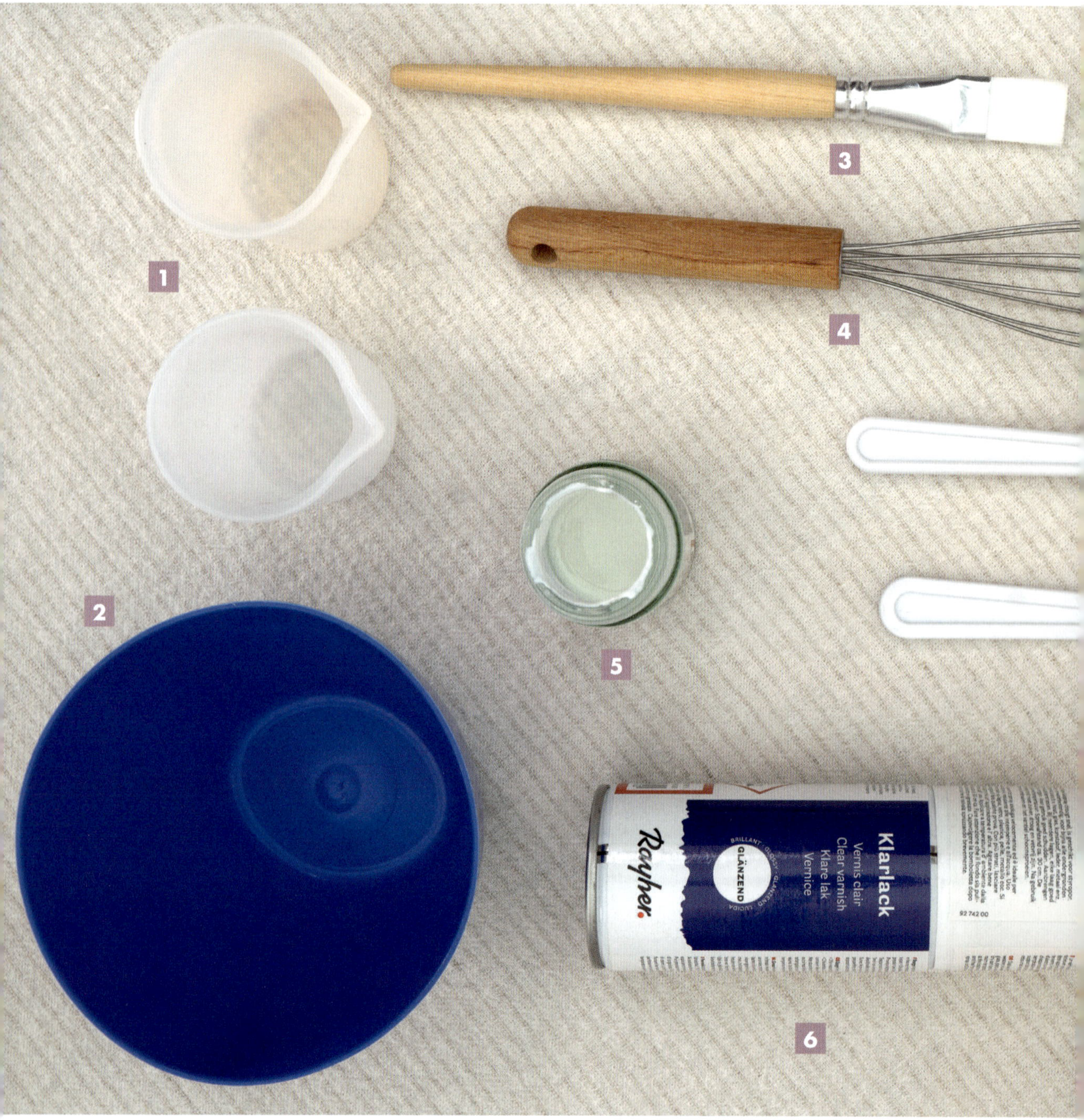

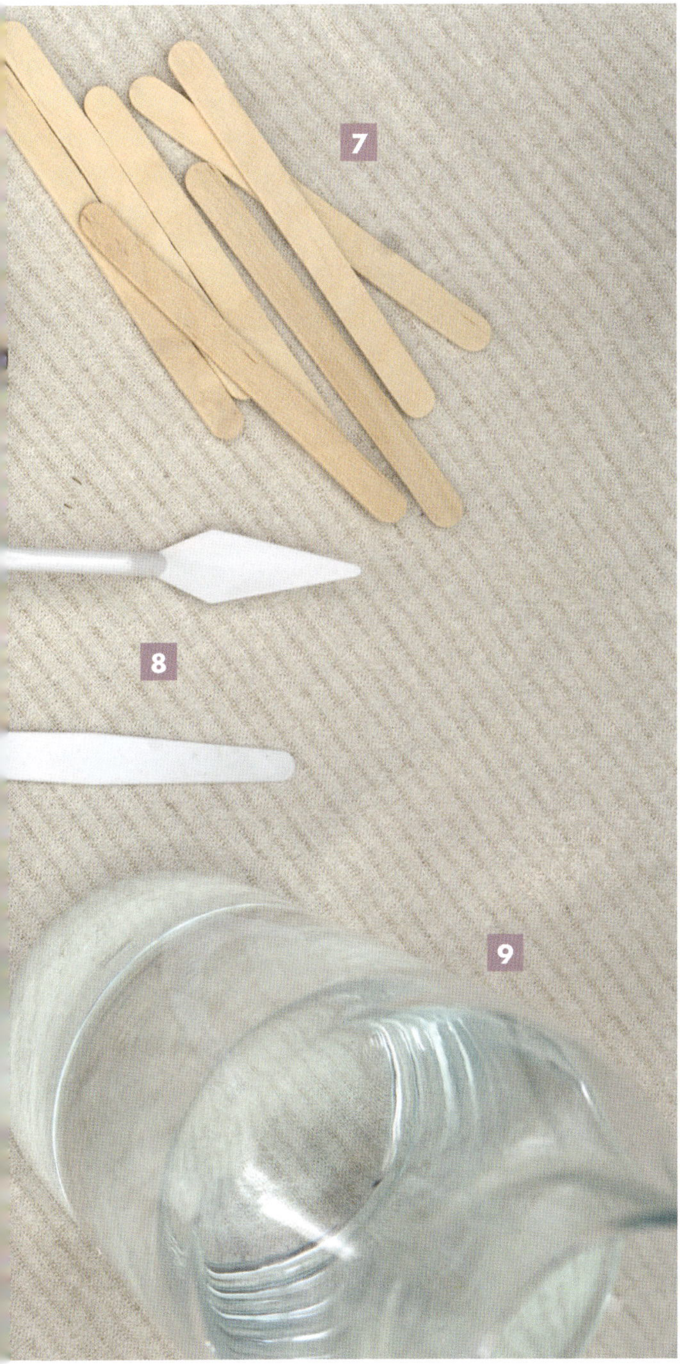


1. kleine Messbecher aus Silikon
2. Gipsbecher
3. Pinsel
4. kleiner Rührbesen
5. Klarlack zum Bestreichen oder
6. Klarlack zum Sprühen
7. Spatel aus Holz
8. Spatel aus Kunststoff
9. Wasser

Außerdem benötigst du Schleifpapier zum Nassschleifen am besten in der Körnung 80 (sehr grob), 100–120 (mittel) und 300–400 (sehr fein), eine Digitalwaage, Folie oder Klarsichthüllen.

# Terrazzo-Splitter herstellen

**WAS BRAUCHT MAN?**

1. Gießpulver
2. Pigmente als Pulver
3. kleiner Messbecher aus Silikon
4. Spatel aus Holz
5. Wasser

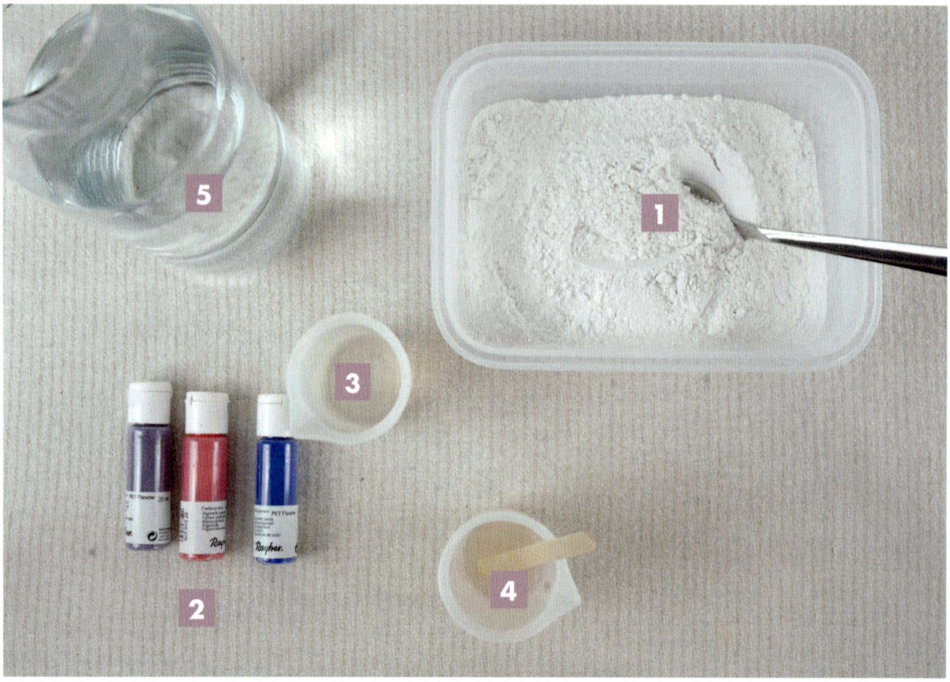

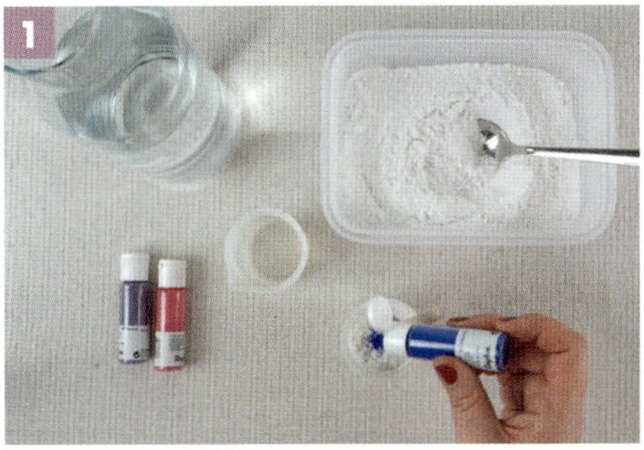

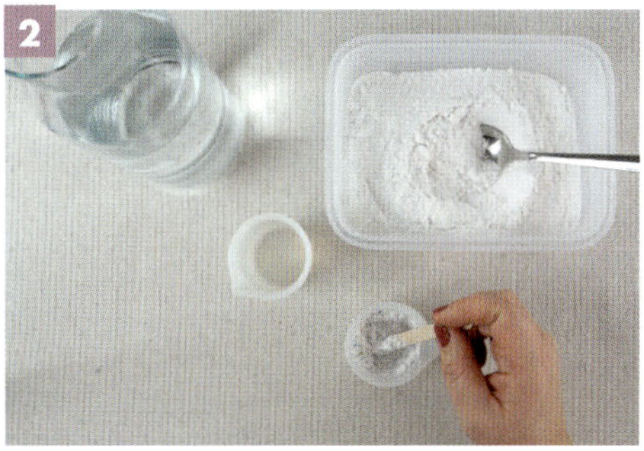

**1.** Das Gießpulver in den Messbecher einfüllen. Die Menge richtet sich nach der gewünschten Ausgangsmenge. Hier wurden 50 g Gießpulver verwendet. Danach das Pigmentpulver hinzufügen – je mehr Pigmente, desto intensiver wird die Farbe.

**2.** Gießpulver und Pigment gut mit dem Spatel vermengen, sodass sich das Pigment mit der Grundmasse verbinden kann. Für ein schönes und gleichmäßiges Ergebnis ca. 30 Sekunden rühren.

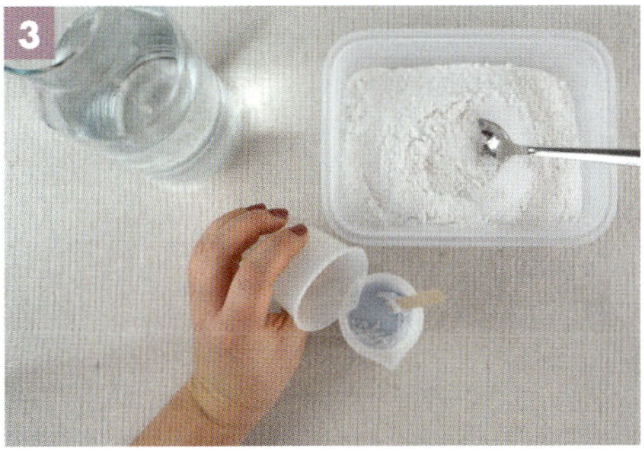

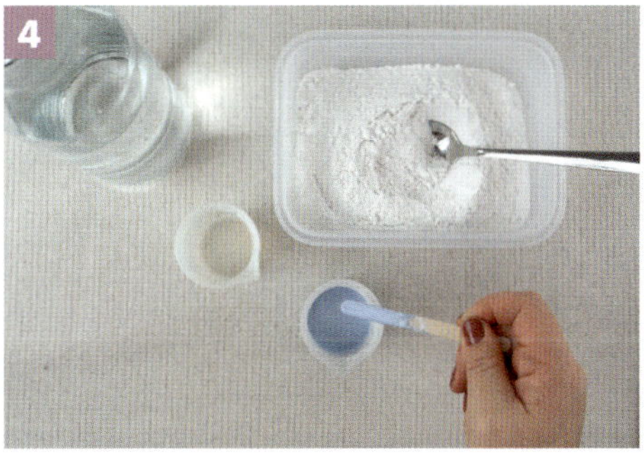

**3.** Wasser zum Pulver hinzufügen, je nach Hersteller des Gießpulvers kann das Verhältnis von Wasser zu Pulver variieren. Hier wurden auf 50 g Gießpulver 1 g Pigment und 20 g Wasser verwendet. Nun mit dem Spatel alles gut verrühren, sodass eine cremige Masse ohne Klümpchen entsteht. Wichtiger als die genaue Grammzahl ist hier die Konsistenz des Pulvers, es sollte cremig sein und sich leicht verteilen lassen.

**4.** Die Terrazzomasse ist genau richtig, wenn sie flüssig genug ist, um sich problemlos verstreichen zu lassen, aber nicht zu flüssig, dass sie überall hinläuft. Am ehesten vergleichbar mit einem flüssigen Joghurt, dann ist die Konsistenz perfekt.

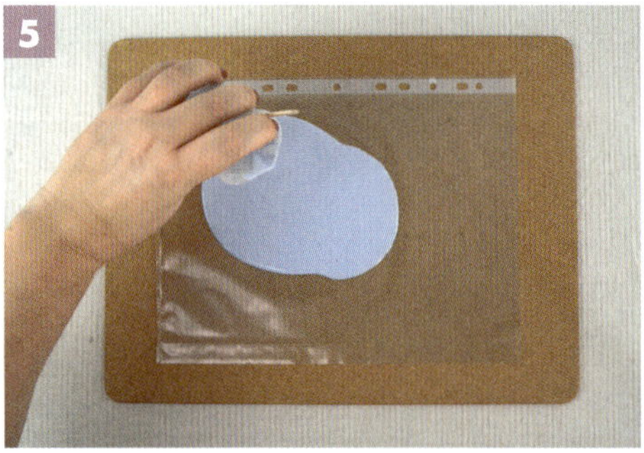

5. Auf einer Klarsichtfolie wird die Masse ausgegossen ...

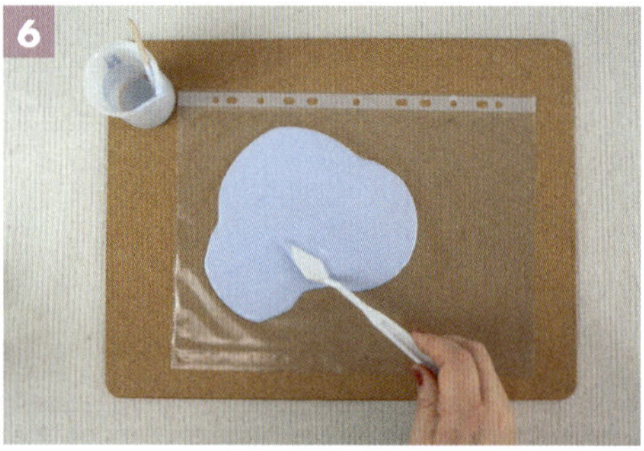

6. ... und anschließend mit einem Holz- oder Kunststoffspatel gleichmäßig verteilt. Die Masse sollte nicht zu dünn aufgetragen sein, sonst werden die Splitter zu klein. Eine Dicke von 2–3 mm ist völlig ausreichend.

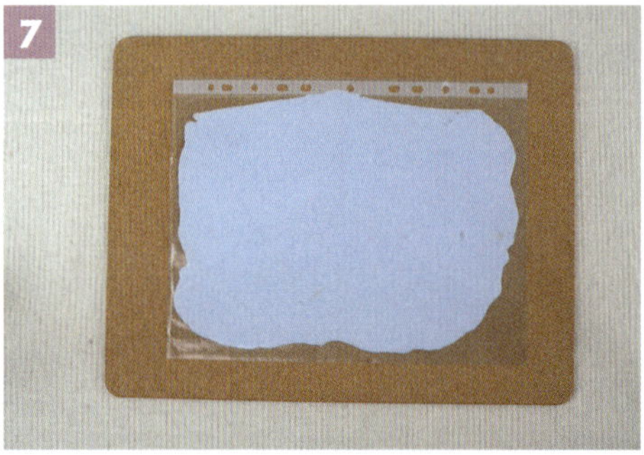

7. Wenn die Masse gleichmäßig über die Folie verteilt ist, muss diese 20–30 Minuten trocknen, bis sie weiterverarbeitet werden kann.

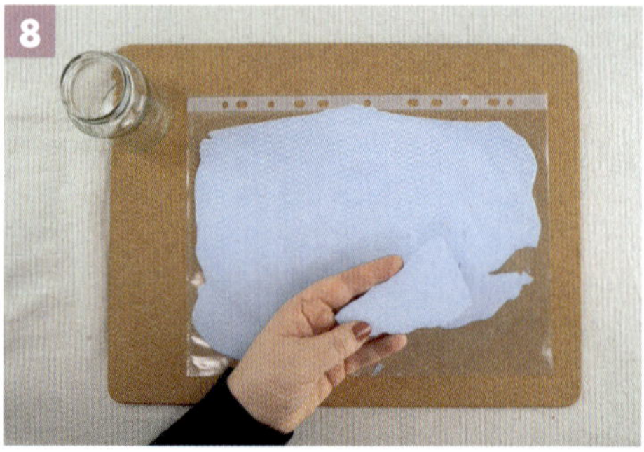

8. Wenn die dünne, ausgegossene Platte sich anheben lässt, ist die Trockenzeit vorbei, und die Terrazzo-Stücke können herausgebrochen werden.

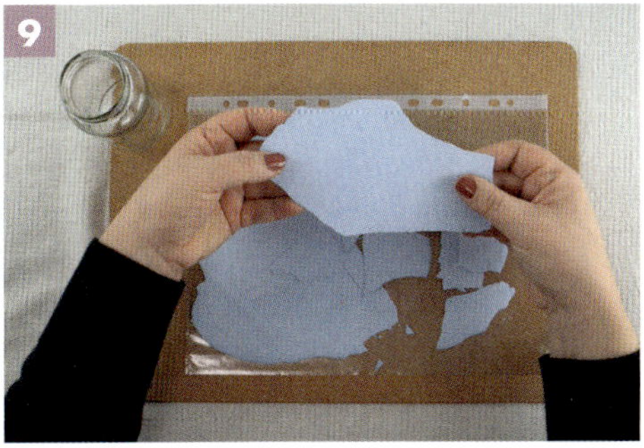

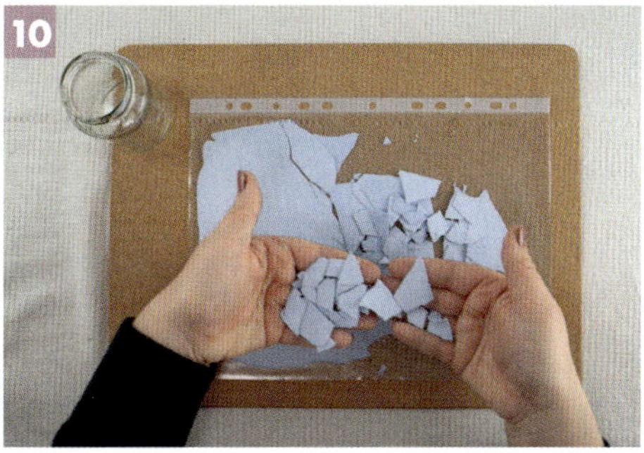

**9.** Die Platte wird zunächst in einige größere Stücke gebrochen …

**10.** … und anschließend, je nach Geschmack, in viele kleine Teile zerbrochen. Je nachdem wie viele Farben man verwenden möchte, muss dieser Vorgang mehrfach wiederholt werden.

*Info:*

**Terrazzo-Splitter mit flüssigen Pigmenten herstellen**
Wenn man flüssige Pigmente verwendet, mischt man erst das Gießpulver mit Wasser, rührt es cremig (wie beschrieben) und fügt erst danach das flüssige Pigment hinzu.

**Achtung!**
Flüssige Pigmente sind sehr farbintensiv, man braucht also wirklich nur eine Messerspitze Pigment. Sie müssen ggf. etwas länger durchtrocknen, da sie sonst die komplette Grundmasse des Deko-Objekts mit einfärben.

# Grundmasse herstellen & Terrazzo-Objekt gießen

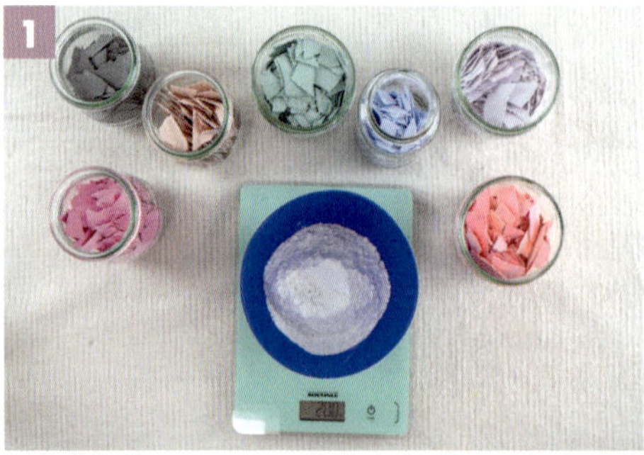

1. Gießpulver mit der Waage abwiegen und in einen größeren Behälter füllen. Hier wurden für eine Schmuckschale 200 g Gießpulver verwendet.

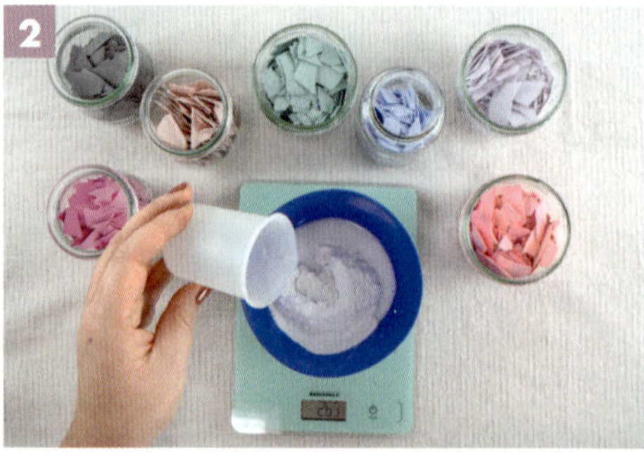

2. Wasser hinzugeben (Mengenangabe nach Herstellerangabe) bis eine cremige Konsistenz entsteht – genau wie bei den Terrazzo-Splittern.

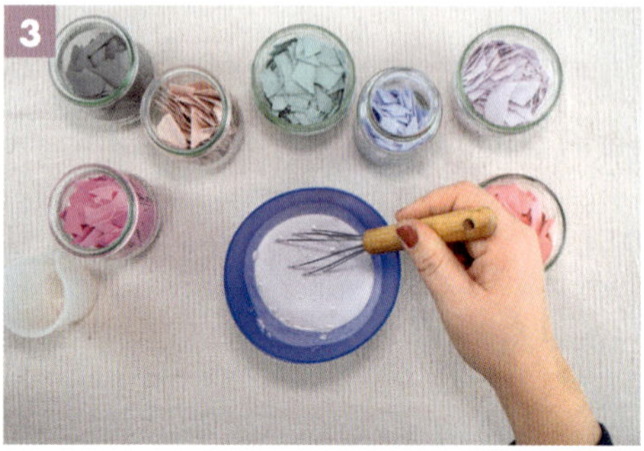

3. Mit einem Rührbesen oder Löffel gut vermengen, bis alle Klümpchen raus sind, wenn nötig, nochmal vorsichtig Wasser nachschütten, bis sich die Konsistenz gut verteilen lässt.

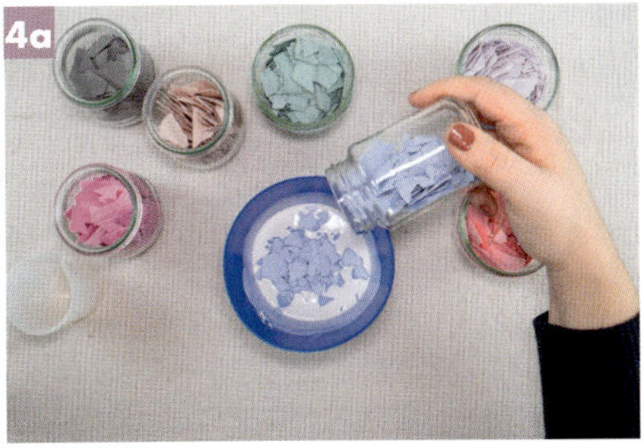


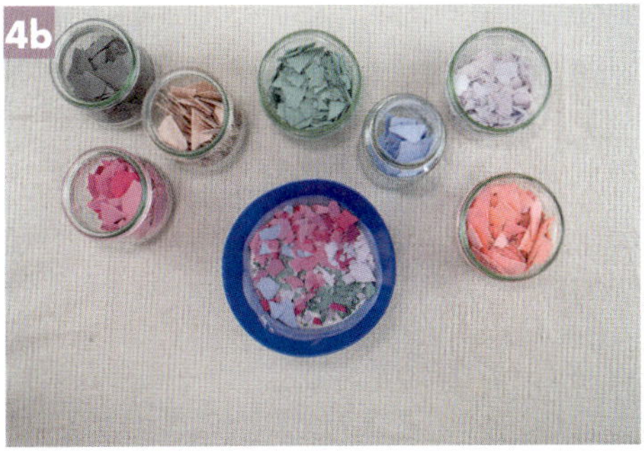


**4.** Terrazzo-Splitter hinzufügen – das Volumen der Splitter sollte fast so groß sein wie das flüssige Pulvervolumen. Das klingt erstmal viel, sorgt aber dafür, dass man zuverlässig ein schönes Terrazzo-Ergebnis erzielt.

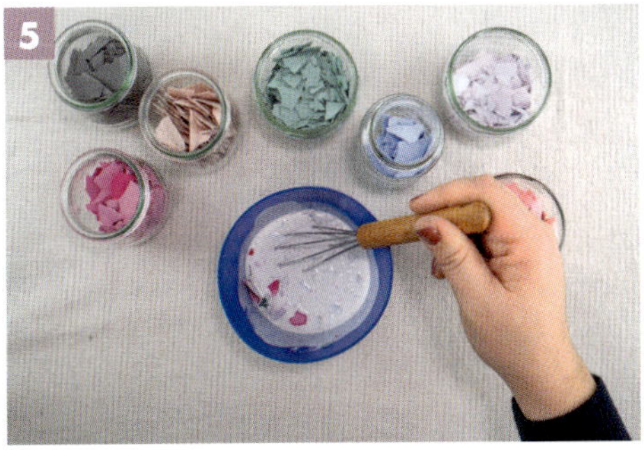


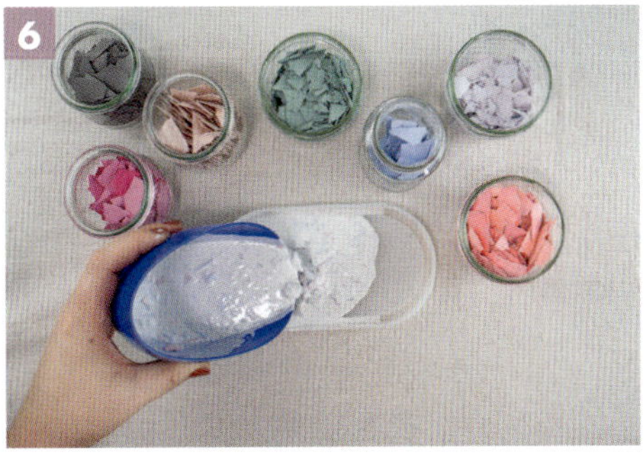


**5.** Mit dem Rührbesen alles durchmengen, sodass sich die Grundmasse gut um die Terrazzo-Splitter verteilt. Diese Schritte sollten alle nicht zu lange dauern, da die Masse schnell antrocknet! Zügig arbeiten.

**6.** Alles in die ausgewählte Form gießen.

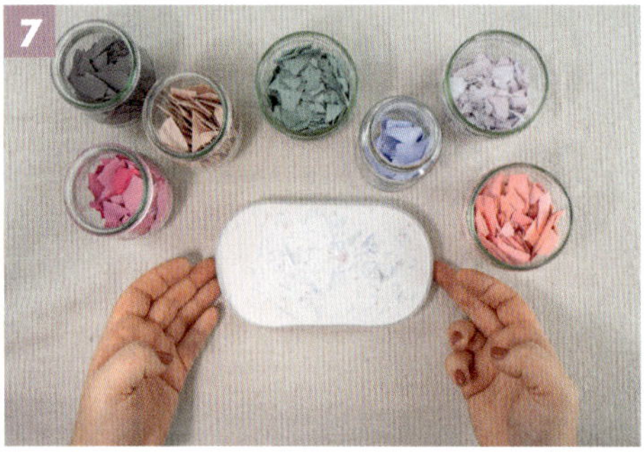

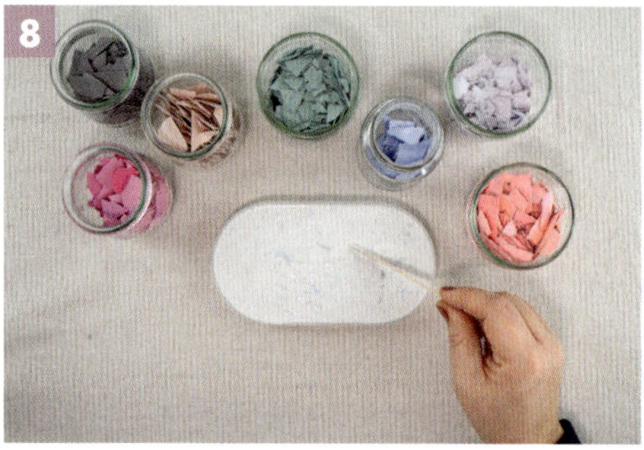

**7.** Mit den Fingern vorsichtig die Form anheben und abklopfen, damit die Luftbläschen rausgehen und die Masse glatt in der Form liegt.

**8.** Mit einem Spatel nochmal zusätzlich in alle Rillen und Ecken der Form gehen und die Terrazzo-Splitter runterdrücken. Je nach Größe der Form muss das Ganze mindestens 30 Minuten trocknen, bei großen Objekten entsprechend länger. Die Gießmasse (Raysin) wird einmal richtig warm und kühlt sich anschließend wieder ab, das ist dann auch das Zeichen, dass die Masse komplett angetrocknet ist.

## Hinweis

Die Masse ist schnelltrocknend, das bedeutet, man muss zügig arbeiten, da sie sonst noch während des Mischvorgangs antrocknet und nicht mehr in die Form gefüllt werden kann. Der ganze Schritt Gießen sollte in ca. 2–3 Minuten abgeschlossen sein.

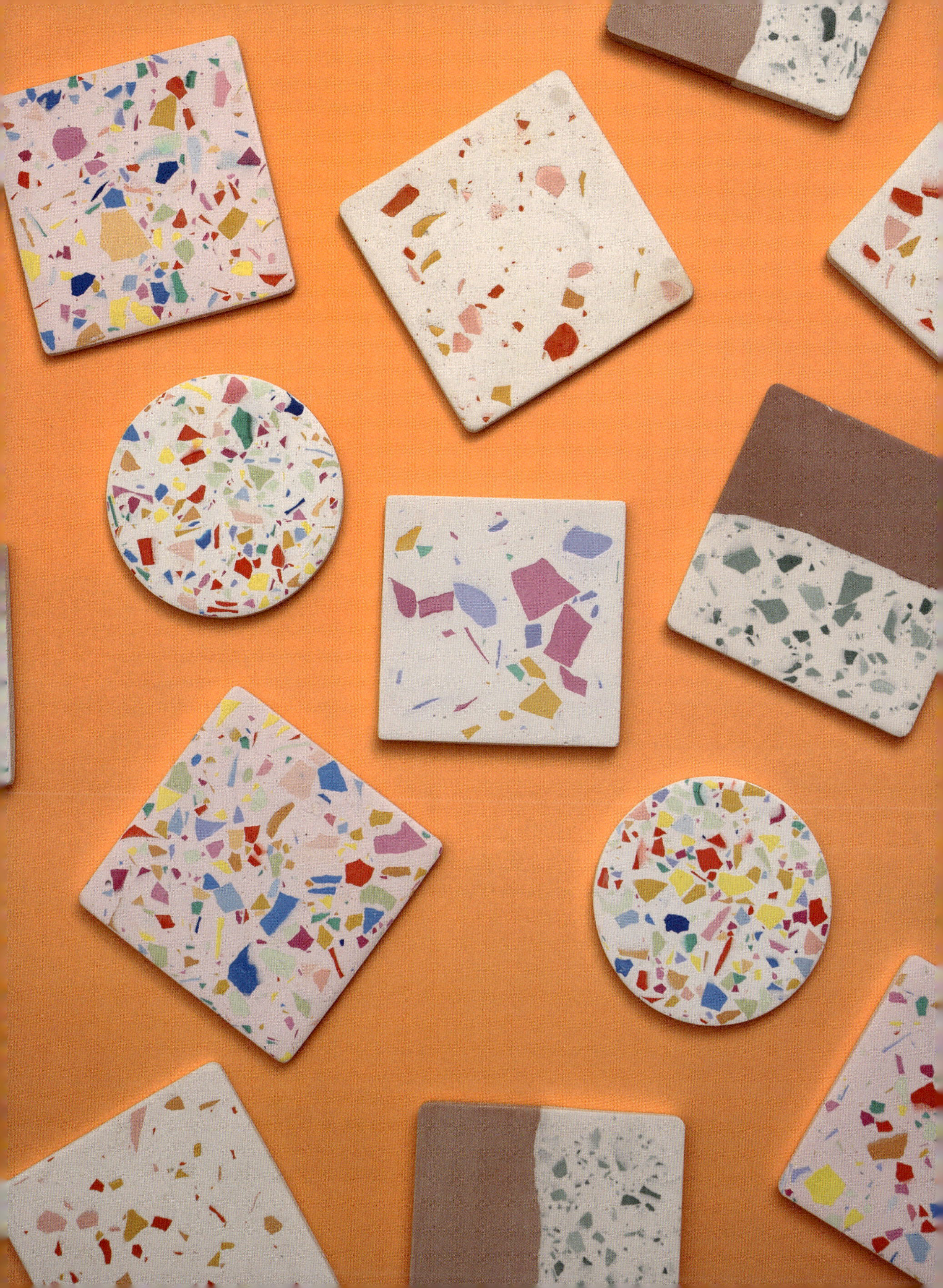

# Terrazzo-Objekt schleifen

**WAS BRAUCHT MAN?**

1. kleine Schale mit Wasser
2. das gegossene und ausgetrocknete Objekt
3. Schleifpapier zum Nassschleifen
   am besten in 3 Körnungen (80, 100, 400)

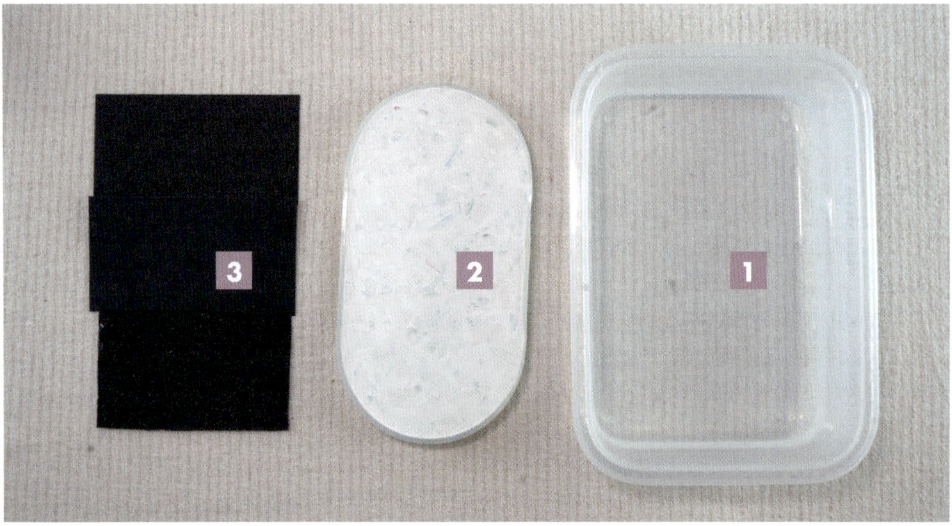


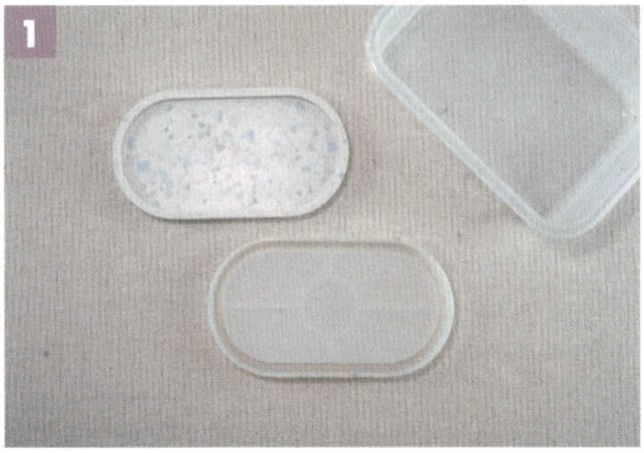


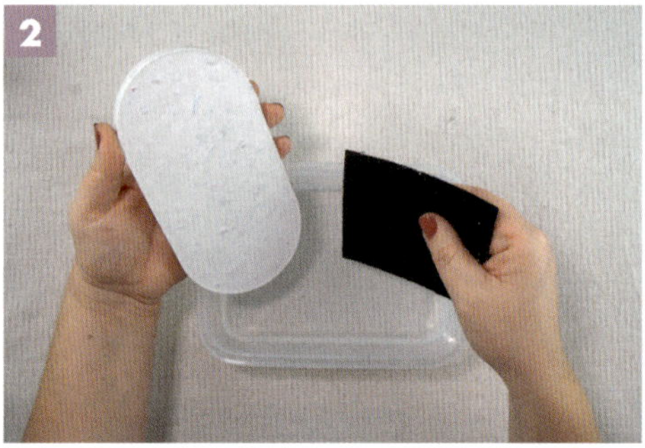


**1.** Das gegossene Objekt vorsichtig aus der Form lösen.

**2.** Mit dem gröbsten Schleifpapier zunächst die scharfen Kanten und ggf. Unebenheiten auf der Rückseite des Objekts abschleifen. Nicht zu lange mit der Rückseite aufhalten, es reicht, wenn man 2–3 x darüber geschliffen hat.

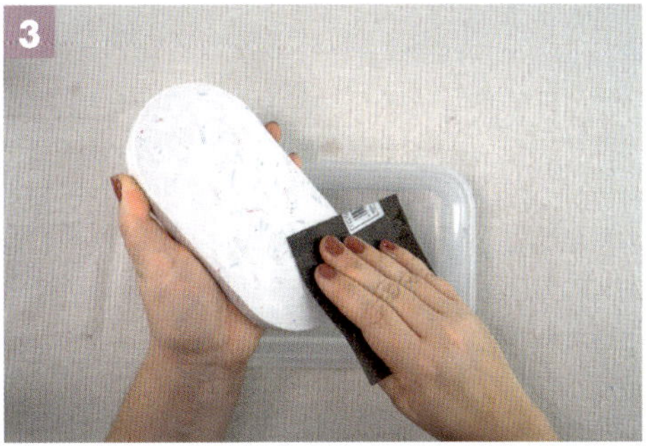

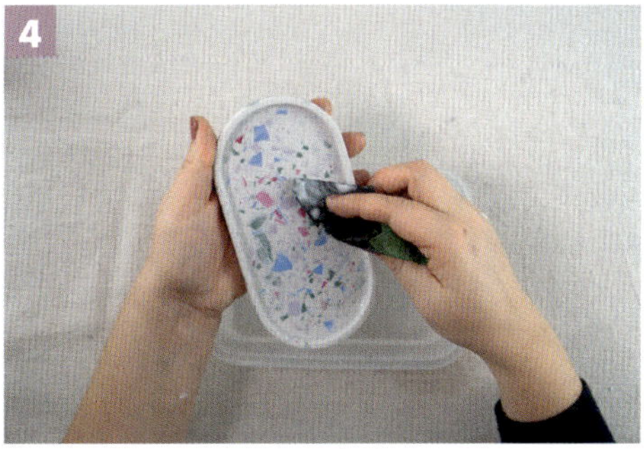

**3.** Mit dem groben Schleifpapier auch die Vorderseite abschleifen. Immer wieder Terrazzo-Objekt und Schleifpapier nass machen und so lange schleifen, bis die Terrazzo-Splitter sichtbar werden. Zwischenzeitlich das Schleifpapier wechseln und eine mittlere Körnung verwenden, um die Splitter richtig herauszuarbeiten.

**4.** Wenn alle Splitter gut sichtbar sind und man mit dem Ergebnis zufrieden ist, wird anschließend das ganz feine Schleifpapier verwendet. Dieses Schleifpapier macht die aufgeraute Oberfläche wieder schön glatt.

**Tipp!**
Das Terrazzo-Objekt darf ruhig ganz ins Wasser gelegt werden, und auch das Schleifpapier sollte schön nass sein, so gelingt das Schleifen am besten.

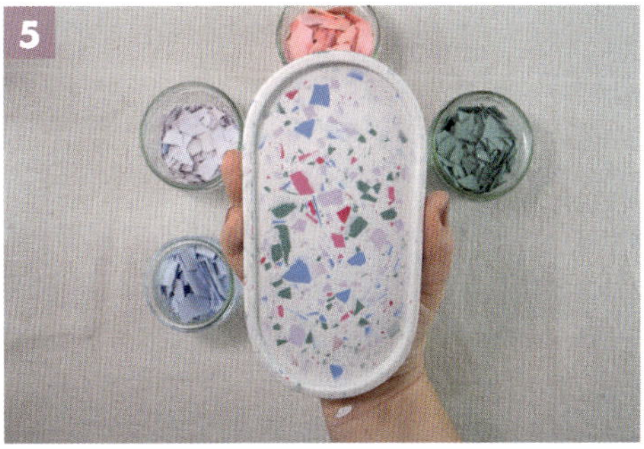

**5.** Die Schmuckschale ist fertig und kann jetzt für mindestens 24 Stunden, besser 48 Stunden, zum Trocknen auf ein Rost, Heizung o. Ä. gelegt werden. Wichtig ist, dass von allen Seiten Luft drankommt, damit es gut durchtrocknen kann.

## Wichtiger Hinweis.

Beim Schleifen reibt man die Grundmasse ab, das heißt, man muss alle Oberflächen ungefähr gleich viel abschleifen, damit das Ergebnis nicht uneben wird.

# Terrazzo-Teil lackieren

Ist das Terrazzo-Objekt gut durchgetrocknet, kann es lackiert werden. Je nach Einsatzort ist es nicht unbedingt erforderlich, bei manchen Teilen (z. B. Seifenschale oder Untersetzer) ist es ein Muss. Man versiegelt damit das gegossene Objekt und verhindert, dass Wasser- oder Schmutzflecken entstehen können. Zusätzlich kann man größere Luftlöcher kaschieren, wenn man Lack reinlaufen lässt.

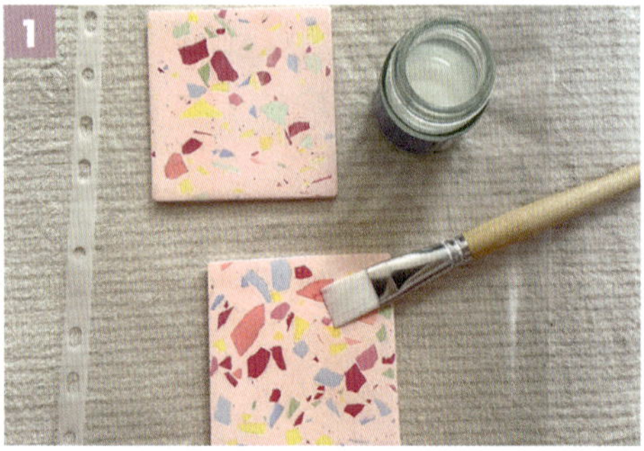

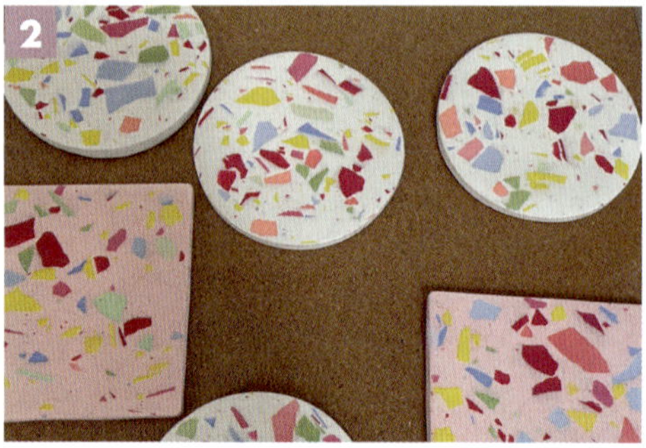

**1.** Klarlack auf Wasserbasis mit einem Pinsel dünn auftragen. Man kann auch einen Klarlack zum Sprühen verwenden, das muss man dann aber auf jeden Fall draußen machen. Ich verwende lieber Lack und Pinsel, da der sich präziser verteilen lässt.

**2.** Lack trocknen lassen, wenn nötig nach der Trocknungszeit (Herstellerangaben beachten) nochmal lackieren. Pinsel mit ein bisschen Spülmittel auswaschen.

**Tipp!**
Wenn man Blumentöpfe oder Vasen macht, kann man keinen wasserbasierten Lack zum Versiegeln nehmen, da sonst das Wasser durchläuft.
Man muss die Innenflächen mit einem Lack versiegeln, der wasserundurchlässig ist.

## VORHER-NACHHER-OPTIK

Der Lack versiegelt und kaschiert nicht nur eventuelle Löcher, sondern bringt auch die Farben nochmal richtig zur Geltung. Mit Lack werden die Farben intensiver und glänzen mehr als ohne.

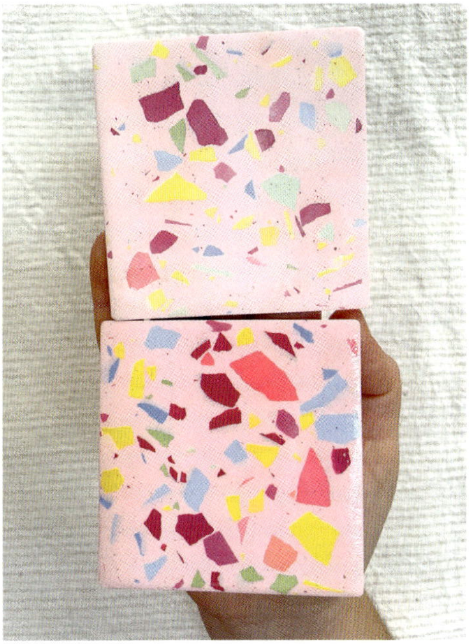

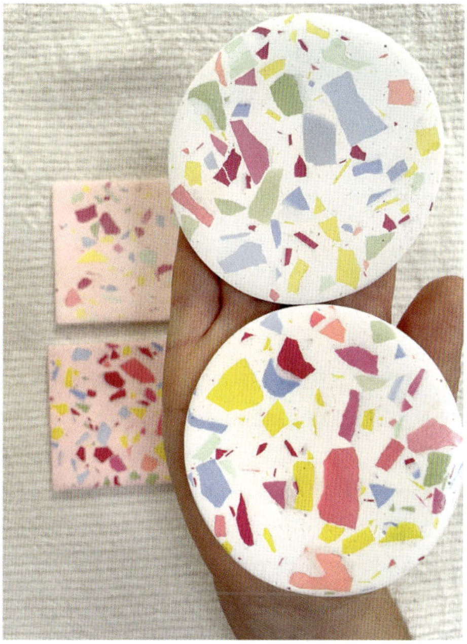

# TIPPS & TRICKS für Terrazzo-Designs

## TERRAZZO-SPLITTER

- Am besten die Terrazzo-Splitter immer auf Vorrat herstellen und in schönen Glasgefäßen aufbewahren. Diese sehen sehr hübsch aus und können für das nächste Projekt direkt verwendet werden.

- Wenn man die Terrazzo-Splitter auf Vorrat herstellt, dann die Terrazzo-Stücke nicht zu klein brechen. Je nach Größe des nächsten Projekts kann man dann noch variieren.

- Beim Herstellen der Terrazzo-Splitter am besten eine Unterlage verwenden, die man anheben kann, so kann man nach dem Ausgießen die Masse nochmal glatt klopfen und die Terrazzo-Masse zum Trocknen zur Seite stellen.

- Man kann auch die Grundmasse einfärben, das Vorhergehen ist identisch zu den Terrazzo-Splittern. Einfach ein bisschen Pigmentpulver zur Grundmasse hinzugeben und einrühren, danach Wasser und im nächsten Schritt Terrazzo-Splitter hinzufügen.

- Pigmente immer sparsam verwenden, erstmal mit weniger testen, ein paar Tropfen Wasser hinzugeben – dann erkennt man schon mal, wie stark das Gießpulver gefärbt ist – anschließend ggf. nochmal Pigment nachschütten und umrühren.

## GIESSEN

- Da man ein schnelltrocknendes Gießpulver verwendet, muss man auch zügig arbeiten, damit das Gießpulver nicht schon vor dem Einfüllen in die Form antrocknet. Alle benötigten Utensilien wie Wasser, Terrazzo-Splitter, etwas zum Rühren (...) müssen also griffbereit da liegen.

- Wenn man mehrere Teile gleichzeitig herstellt, erst das Gießpulver zu gleichen Teilen in die Formen einfüllen und anschließend die „Feinarbeit" erledigen – Formen abklopfen und Terrazzo-Splitter mit dem Spatel andrücken.

- Die Anschaffung von kleinen Silikonbehältern und Gipsbechern lohnt sich, da diese mehrfach verwendet werden können.

- Es sind im Buch keine Mengenangaben genannt, wie viel Pulver in die Form kommt, das liegt daran, dass deine Formen unterschiedlich sein könnten. Bei manchen Formen (z. B. von Rayher) sind die Mengenangaben für die jeweilige Form immer mit angegeben. Wenn dies nicht so ist, muss man ggf. ein bisschen ausprobieren, bis es passt.

- Testen der Einfüllmenge: zu viel Gießmasse hergestellt / zu wenig Gießmasse hergestellt

    - Bei überschüssiger Gießmasse ist es hilfreich, wenn man noch eine kleine Form (Mini-Kerzenständer, Geschenkanhänger o. Ä.) parat liegen hat, so kann man die zu viel angerührte Masse noch für kleine Projekte weiterverwenden.

    - Bei zu wenig Gießmasse kann man sein Projekt spontan zweifarbig gestalten. Einfach die angerührte Terrazzo-Masse trocknen lassen und danach den fehlenden Anteil mit eingefärbter Grundmasse auffüllen (siehe Stiftehalter Seite 96).

- Wasser immer im kleinen Behälter zum Ausgießen parat haben, damit man auch präzise z. B. 15 g abmessen kann.

- Beim Gießpulver wird angegeben, wie lange die Trocknungszeit ist, bei größeren/dickeren Objekten ist sie aber schon mal länger. Das Gießpulver wird beim Aushärten warm und kühlt anschließend wieder ab. Wenn das Objekt komplett ausgekühlt ist, kann man es vorsichtig aus der Form lösen.

- Wenn du Formen aus Kunststoff verwendest, bestreiche diese vor dem Einfüllen der Gießmasse ganz dünn mit einem neutralen Öl (ähnlich wie beim Backen). Dann löst sich das gegossene Objekt viel einfacher aus der Form, und man verhindert, dass die Form bricht. Das Öl sieht man nach der Trockenzeit nicht.

- Ebenfalls ein Tipp für Kunststoffformen: Je höher du sie befüllst, desto länger ist die Trockenzeit, und das Herauslösen wird schwieriger, also nicht das Öl vergessen!

## REINIGEN

- Benutzt man biegsame Behälter (z. B. Messbecher aus Silikon oder Gipsbecher) kann man diese einfach stehen lassen, bis die Masse angetrocknet ist, und sie anschließend einfach entfernen.

- Normale Kunststoffdosen o. Ä. am besten sofort mit einem Papiertuch auswischen, bis die ganze Gießmasse raus ist. Erst danach in der Spüle mit Wasser ausspülen.

- Achtung! Gips sollte nur so wenig wie nötig im Ausguss landen! Es besteht Verstopfungsgefahr! Wenn man die Wasserbehälter, die man zum Abschleifen verwendet hat, sauber macht, bleibt es nicht aus, dass Gipsreste im Ausguss landen, aber sehr verdünnt. Alle anderen Utensilien sollten vor dem Spülen ausgewischt werden.

- Das Abschleifen trocknet die Hände ein wenig aus, man kann Gummihandschuhe verwenden (wenn man viel schleifen möchte) und die Hände nach dem Schleifen gut eincremen.

## TROCKNEN UND LACKIEREN

- Die gegossenen Teile sollten so trocknen, dass von allen Seiten Luft rankommt, z. B. auf einer Heizung (muss nicht an sein!), einem Rost o. Ä. Kleine Teile sind nach 24 Stunden durchgetrocknet, große Teile erst nach 48 Stunden.

- Alle Gegenstände, die mit Wasser in Berührung kommen, müssen auch lackiert werden. Alle anderen Gegenstände nicht zwangsläufig. Ich empfehle es aber, da sie dann weniger schmutzempfindlich sind und die Farben schöner strahlen.

- Auch wenn die Terrazzo-Objekte lackiert sind, dürfen sie nicht in die Spülmaschine, sondern können nur mit einem feuchten Lappen abgewischt werden.

- Wenn man vorhat, im Innenraum zu lackieren, sollte man auf jeden Fall einen Klarlack auf Wasserbasis (Food Safe) benutzen. In anderen Lacken sind Lösungsmittel enthalten, damit sollte man nur draußen lackieren.

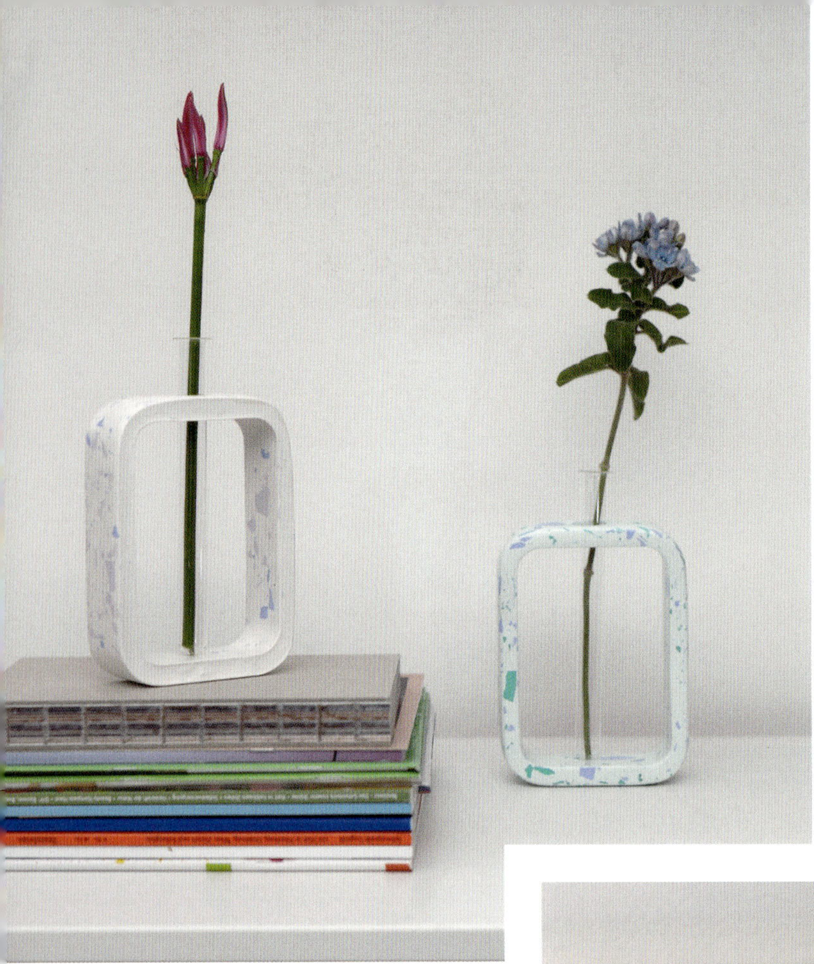
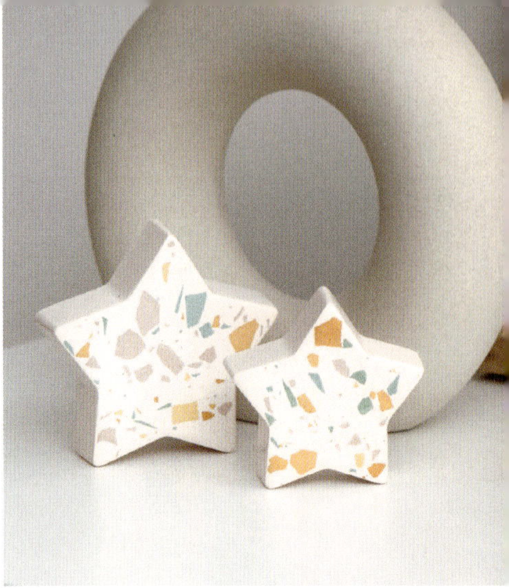
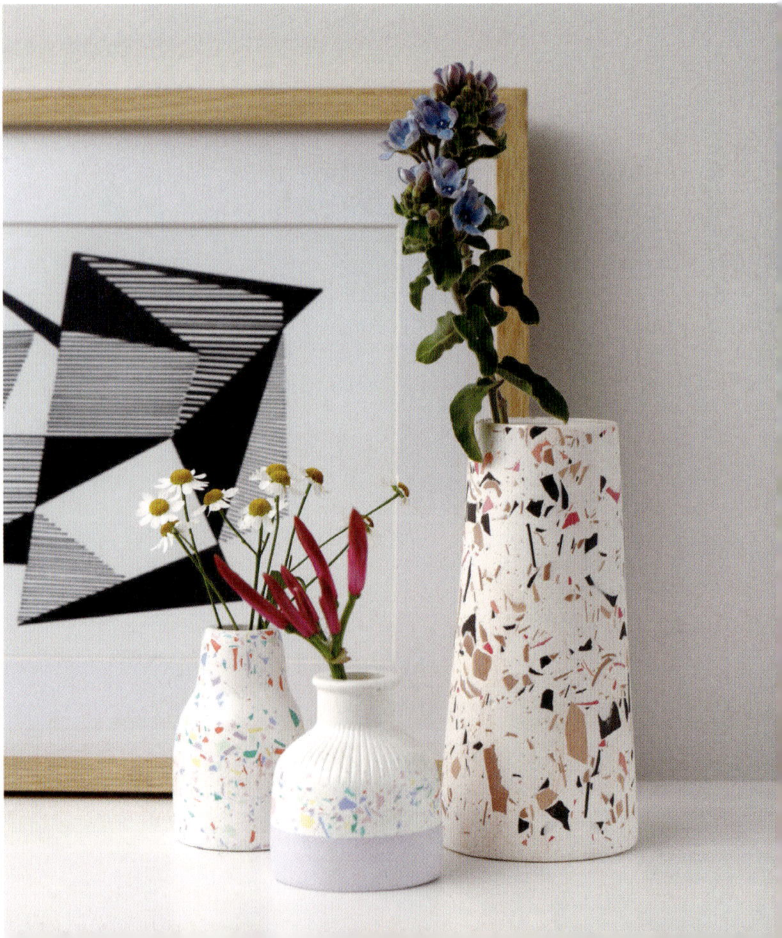

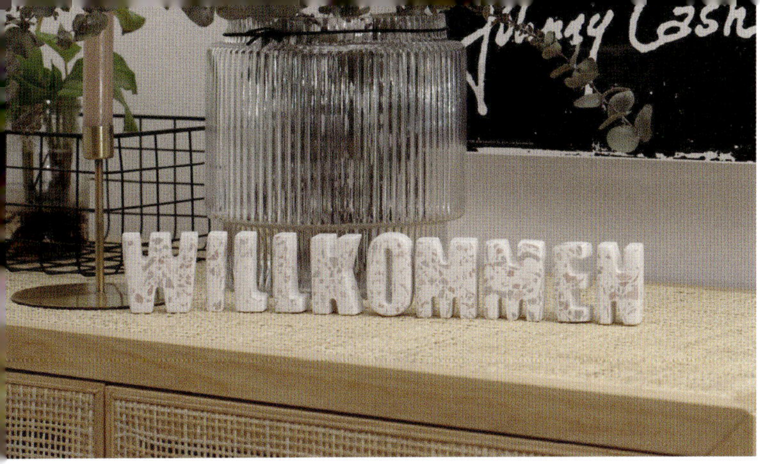


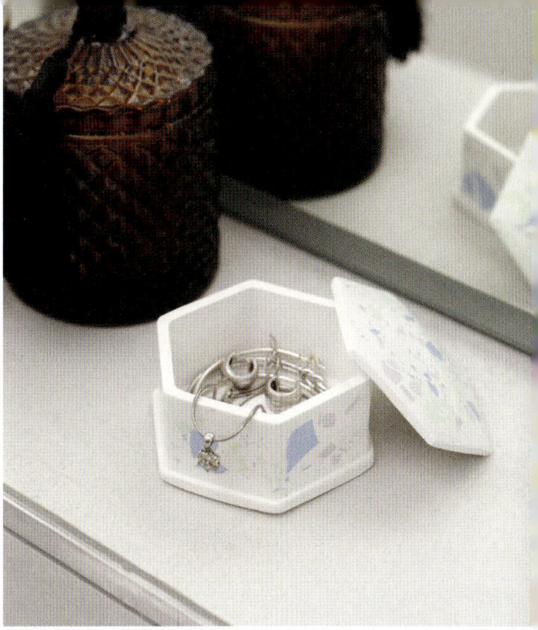

# Die Terrazzo-Projekte

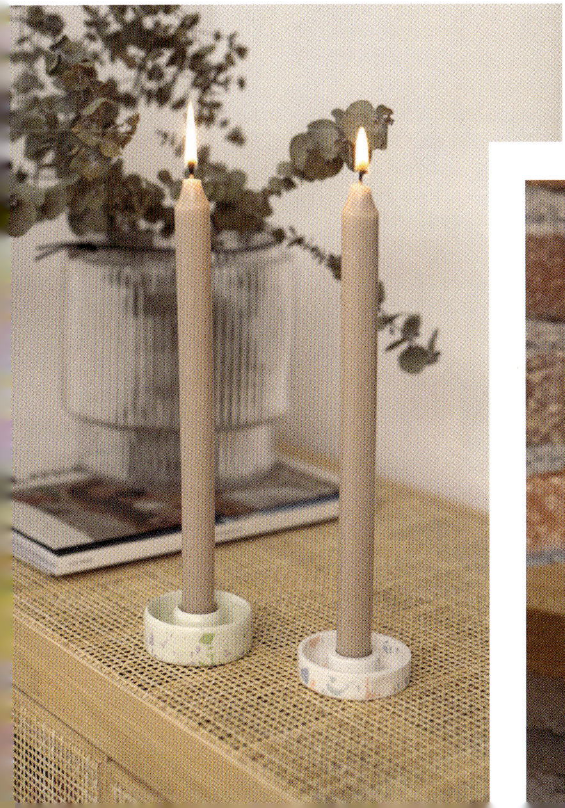

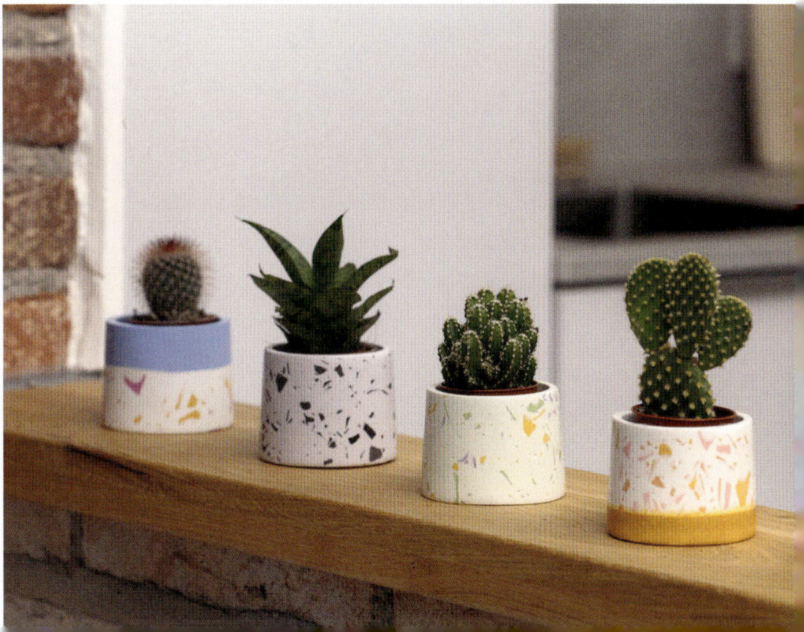

# NÜTZLICHE TERRAZZO-PROJEKTE *für Küche & Bad*

Für diese Wohnbereiche kann man sich richtig austoben und viele Terrazzo-Projekte gießen, ob Untersetzer, Schalen verschiedenster Größen, eine Ablage für die Seife, es ist für jeden ein passendes Projekt dabei.

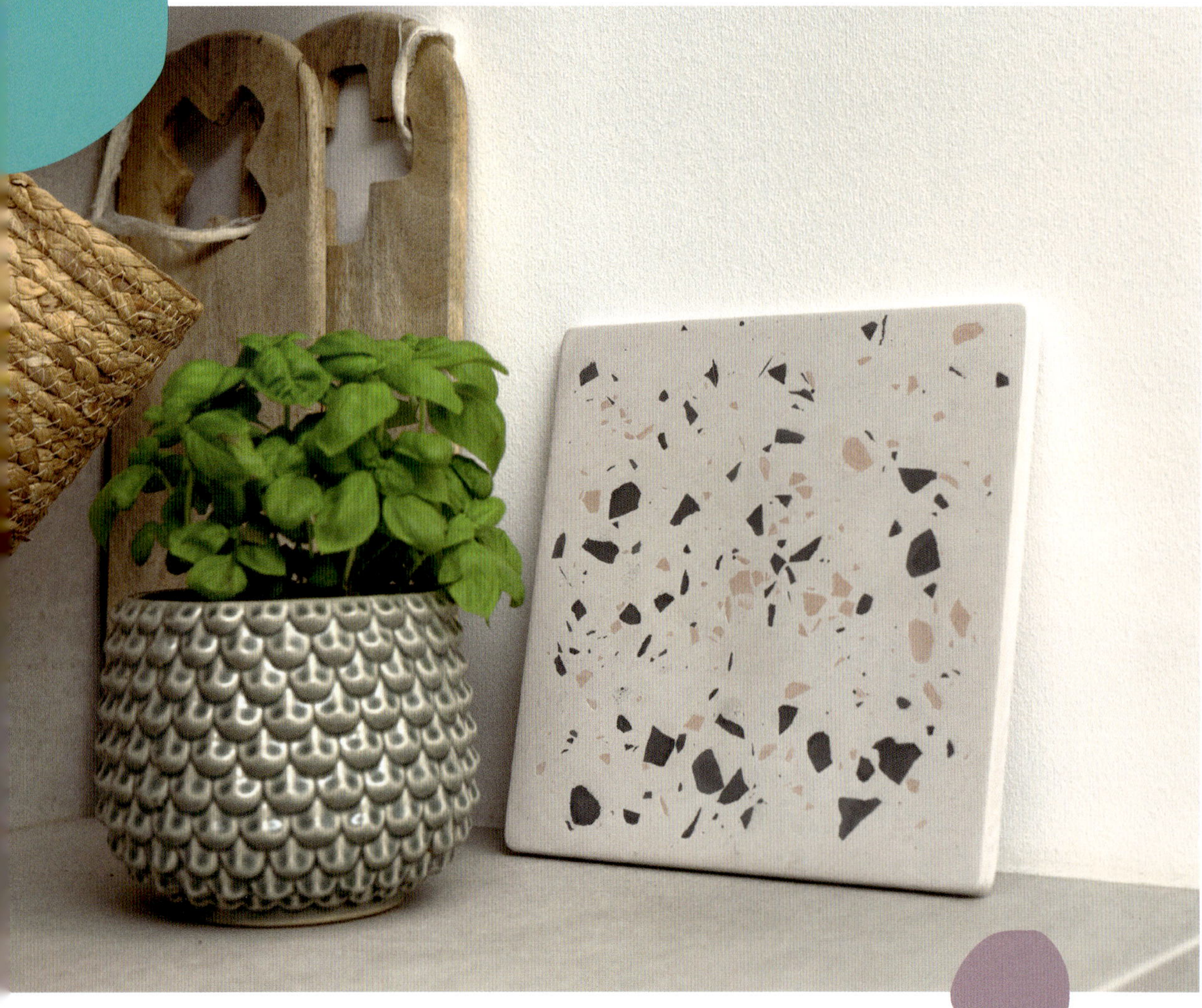

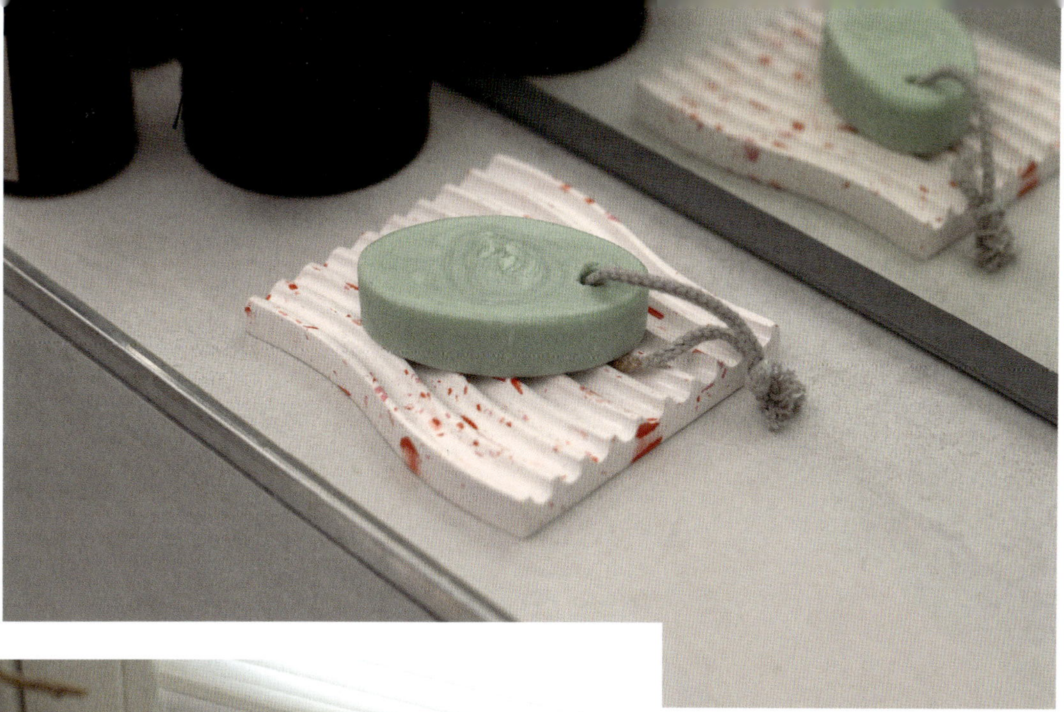

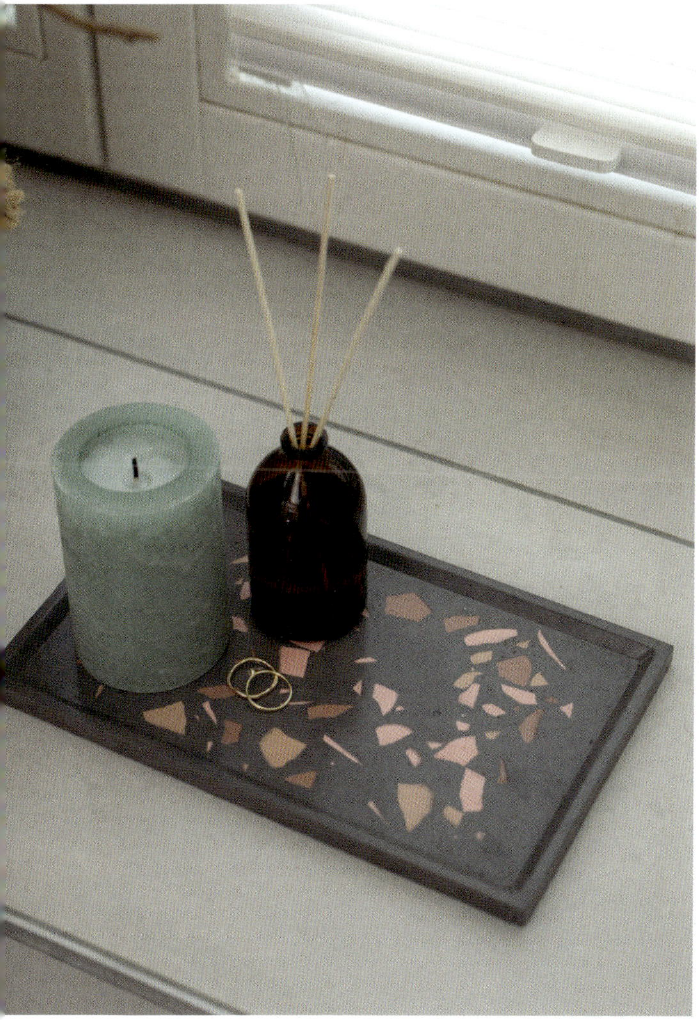

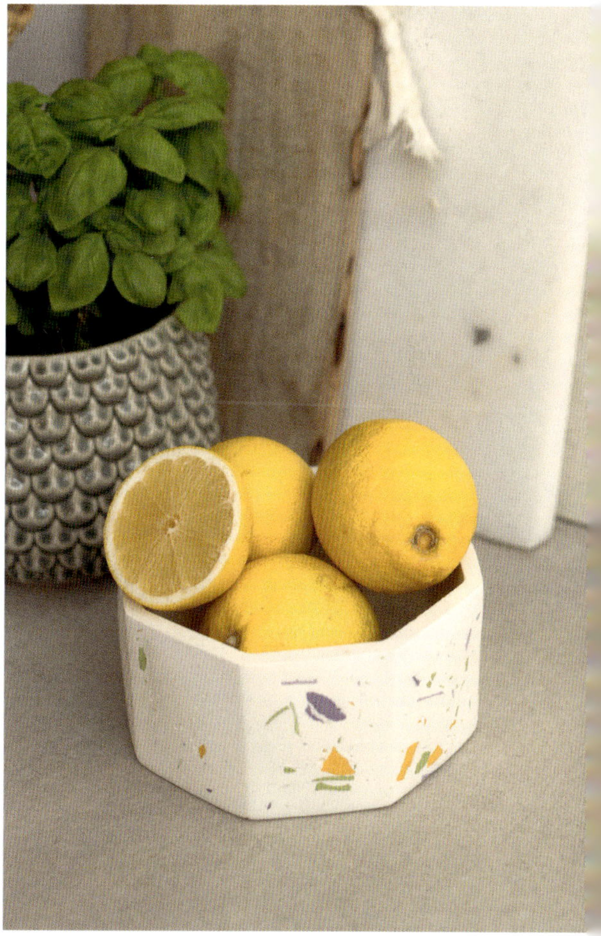

# Runde & eckige Untersetzer

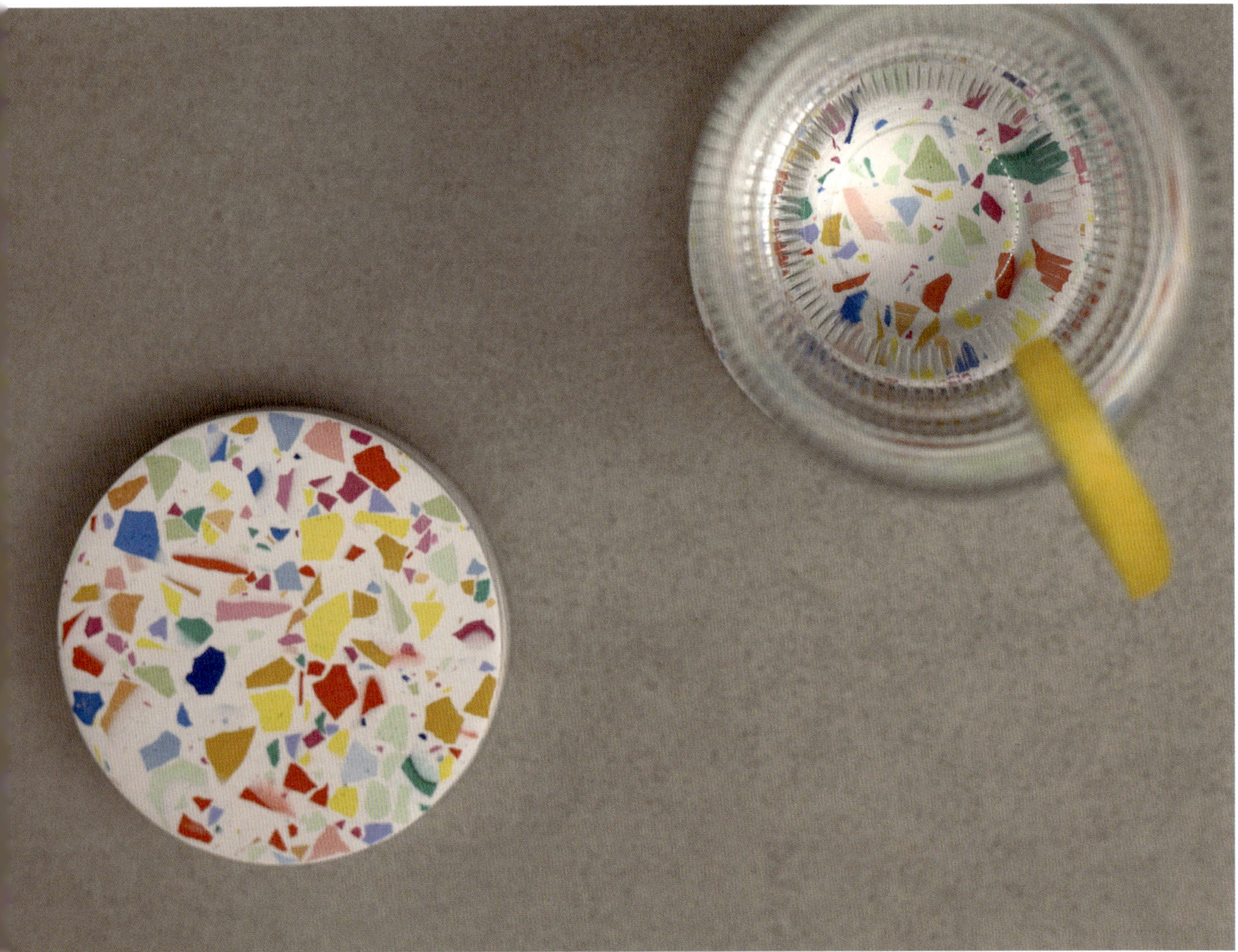

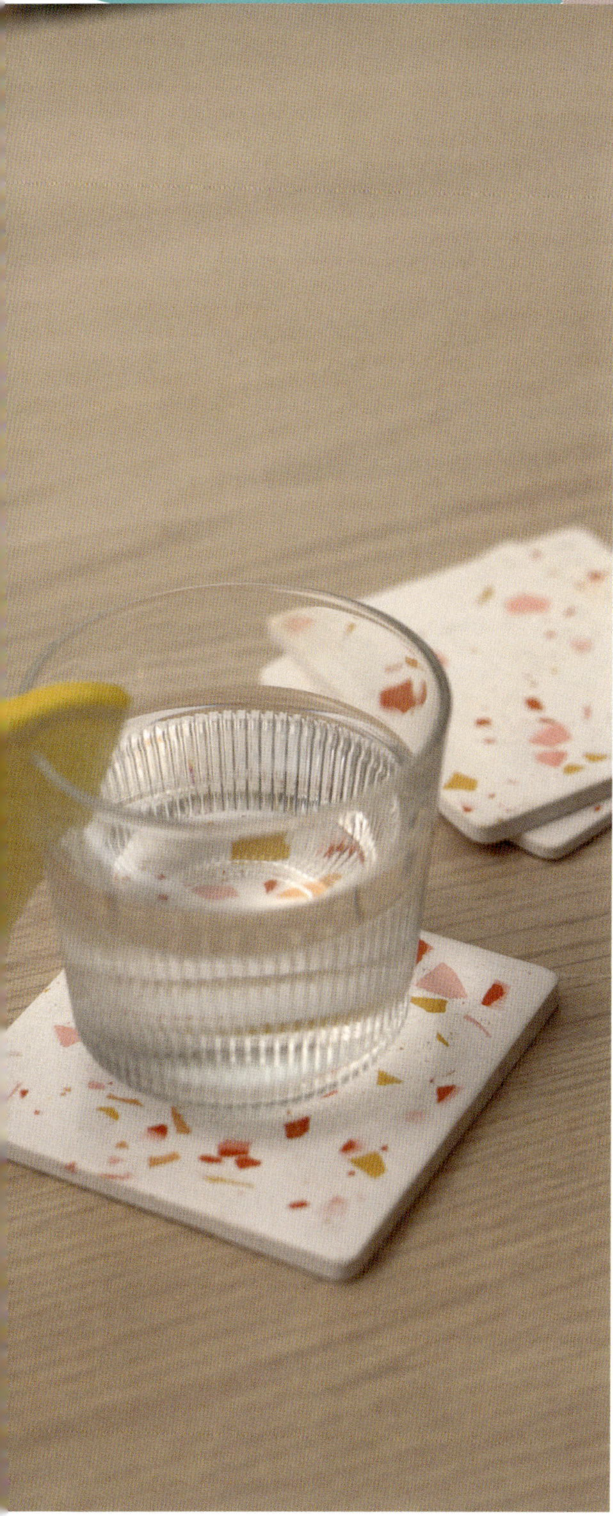

**Schwierigkeitsgrad**

## Material

- vorgefertigte Terrazzo-Splitter
- Gießpulver + ggf. Pigmentpulver zum Einfärben
- Digitalwaage
- Wasser
- Gipsbecher/Gefäß zum Anrühren der Grundmasse
- Rührbesen
- Löffel
- Holzspatel
- Silikon- oder Kunststoffformen für Untersetzer (z. B. von Rayher oder Etsy)
- Klarlack & Pinsel

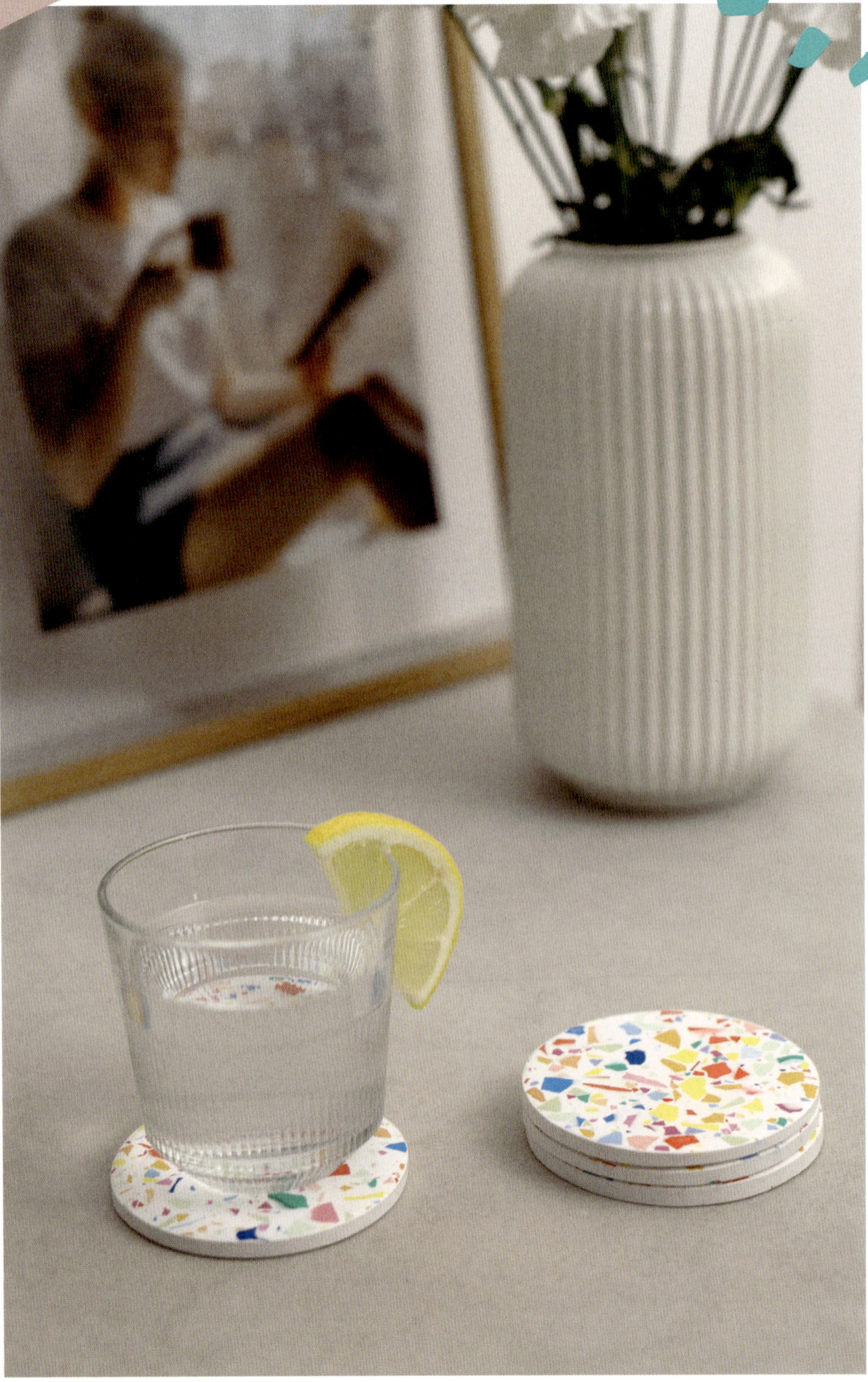

1

Die Terrazzo-Splitter herstellen, wie im Grundlagenteil auf Seite 14 beschrieben. Ich verwende hier eine bunte Restmischung aus vielen Farben.

2

Grundmasse für die Untersetzer abwiegen und Wasser hinzugeben, wie im Grundlagenteil auf Seite 18 beschrieben.

3

Mit einem Rührbesen oder Löffel vermengen, bis alle Klümpchen raus sind, wenn nötig, nochmal vorsichtig Wasser nachschütten, bis das Gießpulver eine cremigflüssige Konsistenz hat, die sich gut verteilen lässt (Herstellerangaben beachten).

4

Terrazzo-Splitter hinzufügen – das Volumen der Splitter sollte fast so groß sein wie das flüssige Pulvervolumen. Das klingt erstmal viel, sorgt aber dafür, dass man zuverlässig ein schönes Terrazzo-Ergebnis erzielt.

5

Mit dem Rührbesen alles gut durchmengen, sodass sich die Grundmasse gut um die Terrazzo-Splitter verteilt. Diese Schritte sollten alle nicht zu lange dauern, da die Masse schnell antrocknet! Zügig arbeiten.

6

Etwas Gießmasse in jede Form geben und die Masse Schritt für Schritt mit einem Löffel vorsichtig auf die Untersetzer verteilen, sodass die Silikonformen alle gleich befüllt sind.

7

Mit den Fingern vorsichtig die Form anheben und seitlich abklopfen, damit die Luftbläschen rausgehen und die Masse glatt in der Form liegt.

8

Mit einem Spatel nochmal zusätzlich die Terrazzo-Splitter runterdrücken.

9

Mindestens 30 Minuten trocknen lassen (Herstellerangaben beachten).

10

Nach der Trockenzeit vorsichtig aus der Form lösen und nass abschleifen, wie im Grundlagenteil auf Seite 22 beschrieben.

11

Nach dem Schleifprozess die Untersetzer zum Trocknen so hinlegen, dass von allen Seiten Luft rankommt (Heizung, Gitter o. Ä.) und 24 Stunden trocknen lassen.

12

Wenn alle Untersetzer getrocknet sind, mit Klarlack bestreichen, damit sie vor Flüssigkeiten geschützt sind und abgewischt werden können.

# Untersetzer in gebrochener Optik

**Schwierigkeitsgrad**

## Material

- vorgefertigte Terrazzo-Splitter
- Gießpulver + ggf. Pigmentpulver zum Einfärben
- Digitalwaage
- Wasser
- Gipsbecher/Gefäß zum Anrühren der Grundmasse
- Rührbesen
- Löffel
- Holzspatel
- Silikon- oder Kunststoffformen für Untersetzer (z. B. von Rayher oder Etsy)
- Klarlack & Pinsel

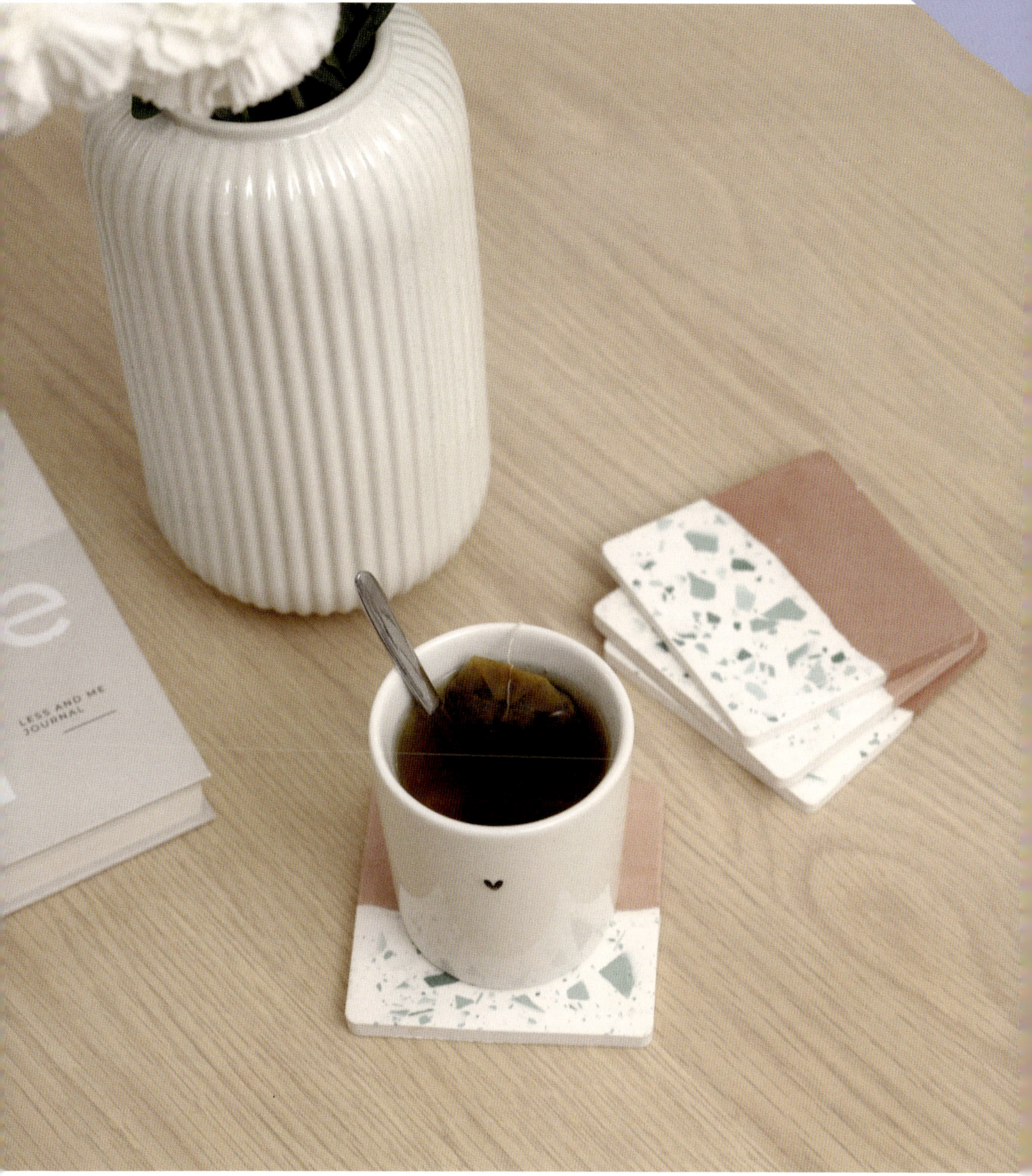
LESS AND ME
JOURNAL

1

Grundmasse für die Untersetzer abwiegen und mit Pigmenten einfärben, wie im Grundlagenteil auf Seite 18 beschrieben. Für vier Untersetzer müssen in diesem Schritt zwei Untersetzer gegossen werden.

2

Gefärbte Grundmasse mit Wasser vermengen (siehe Herstellerangaben) und so lange rühren, bis alle Klümpchen raus sind und eine cremig-flüssige Konsistenz entstanden ist.

3

Die gefärbte Grundmasse gleichmäßig in die Silikonformen einfüllen.

4

Mit den Fingern vorsichtig die Form anheben und seitlich abklopfen, damit die Luftbläschen rausgehen und die Masse glatt in der Form liegt.

5

Mindestens 30 Minuten trocknen lassen (Herstellerangaben beachten).

6

Nach der Trockenzeit vorsichtig aus der Form lösen und die Untersetzer in der Mitte durchbrechen.

7

Die gebrochenen Stücke wieder in die Silikonformen zurücklegen und die Untersetzer mit Terrazzo-Masse auffüllen.

8

Wieder alles 30 Minuten trocknen lassen.

9

Nach der Trockenzeit vorsichtig aus der Form lösen und nass abschleifen, wie im Grundlagenteil auf Seite 22 beschrieben.

10

Nach dem Schleifprozess die Untersetzer zum Trocknen so hinlegen, dass von allen Seiten Luft rankommt (Heizung, Gitter o. Ä.) und 24 Stunden trocknen lassen.

11

Wenn alle Untersetzer getrocknet sind, mit Klarlack bestreichen, damit sie vor Flüssigkeiten geschützt sind und abgewischt werden können.

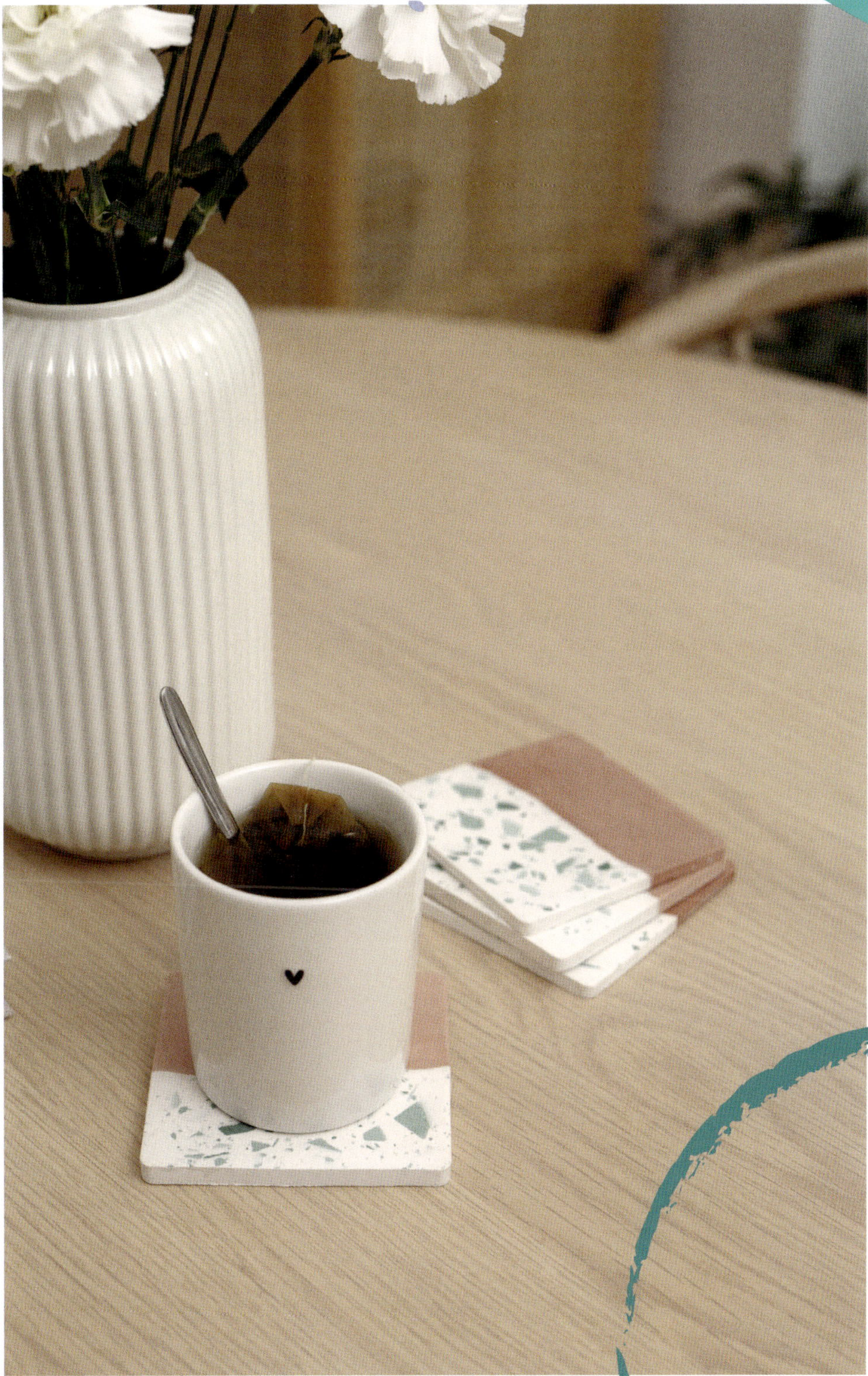

# Kleine ovale Schmuckschale

Die Anleitung für diese Schale befindet sich im Grundlagenteil auf Seite 18.

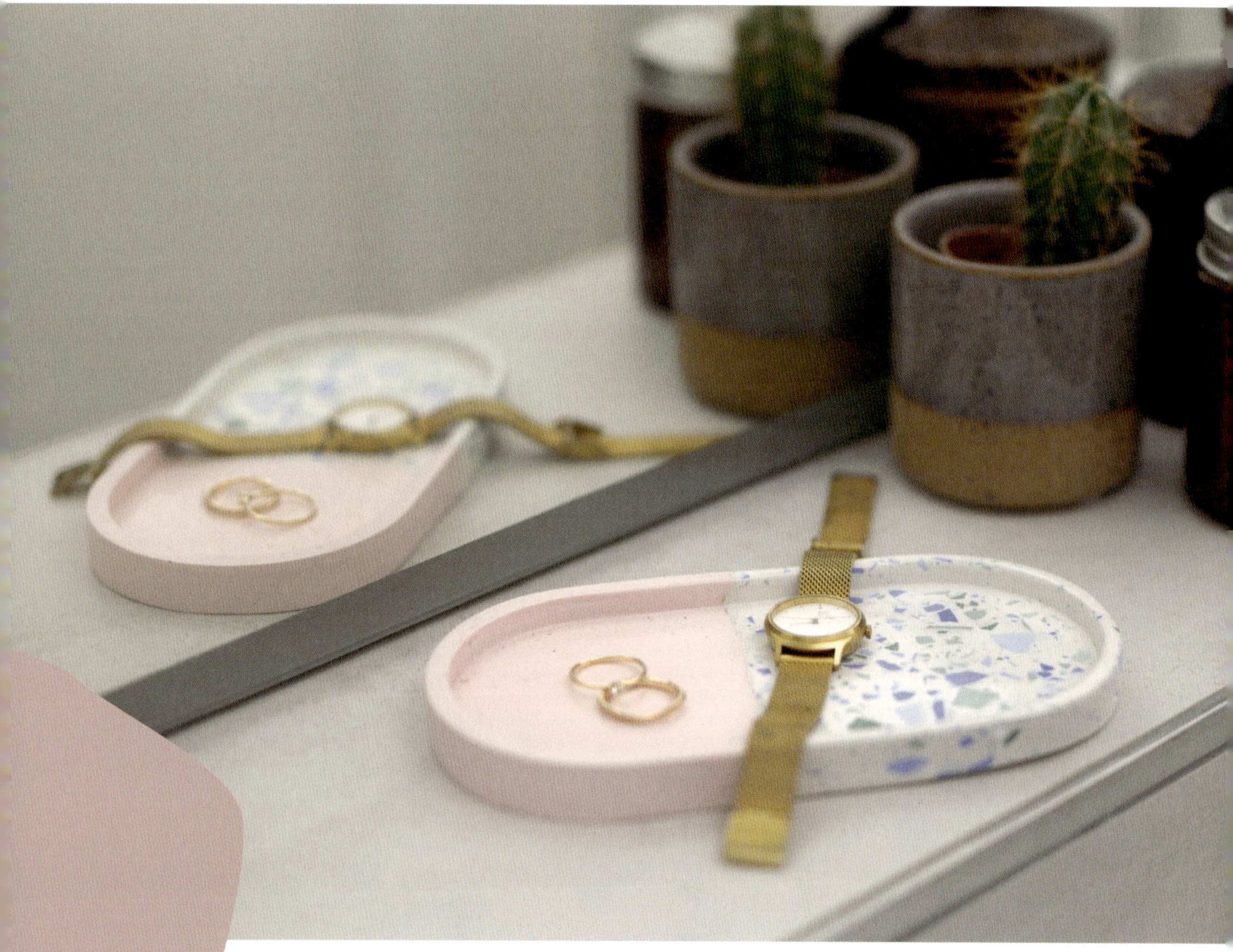

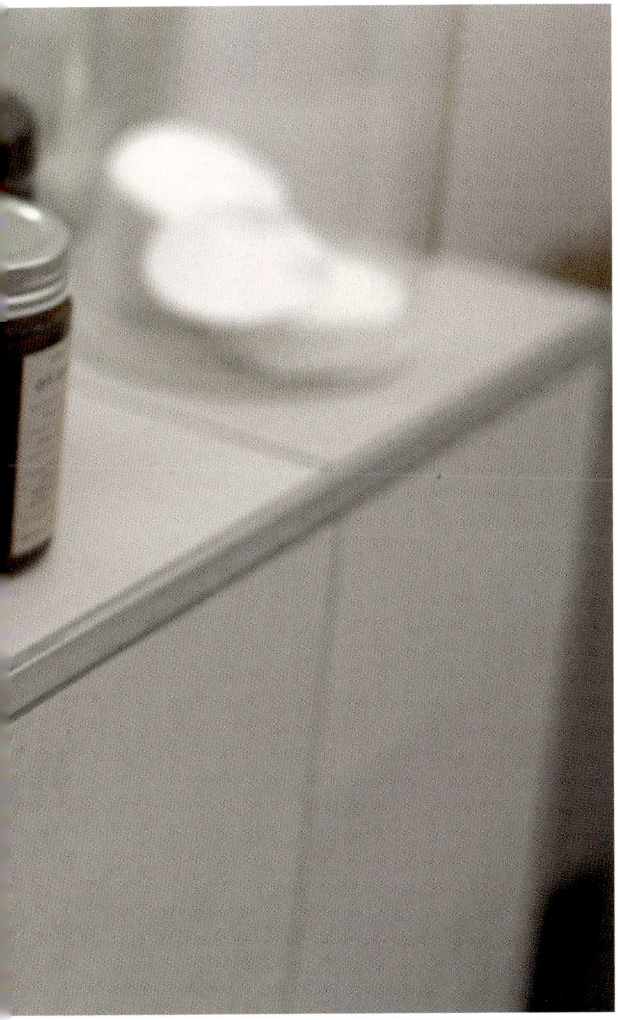

**Schwierigkeitsgrad**

## Material

- vorgefertigte Terrazzo-Splitter
- Gießpulver + ggf. Pigmentpulver zum Einfärben
- Digitalwaage
- Wasser
- Gipsbecher/Gefäß zum Anrühren der Grundmasse
- Rührbesen
- Löffel
- Holzspatel
- Silikonform für eine Schale (z. B. von Etsy)
- Klarlack & Pinsel

# Seifenschale in Wellenform

Schwierigkeitsgrad

## Material

- vorgefertigte Terrazzo-Splitter
- Gießpulver + ggf. Pigmentpulver zum Einfärben
- Digitalwaage
- Wasser
- Gipsbecher/Gefäß zum Anrühren der Grundmasse
- Rührbesen
- Löffel
- Holzspatel
- Silikonform in Wellenform (z. B. von Etsy)
- Klarlack & Pinsel

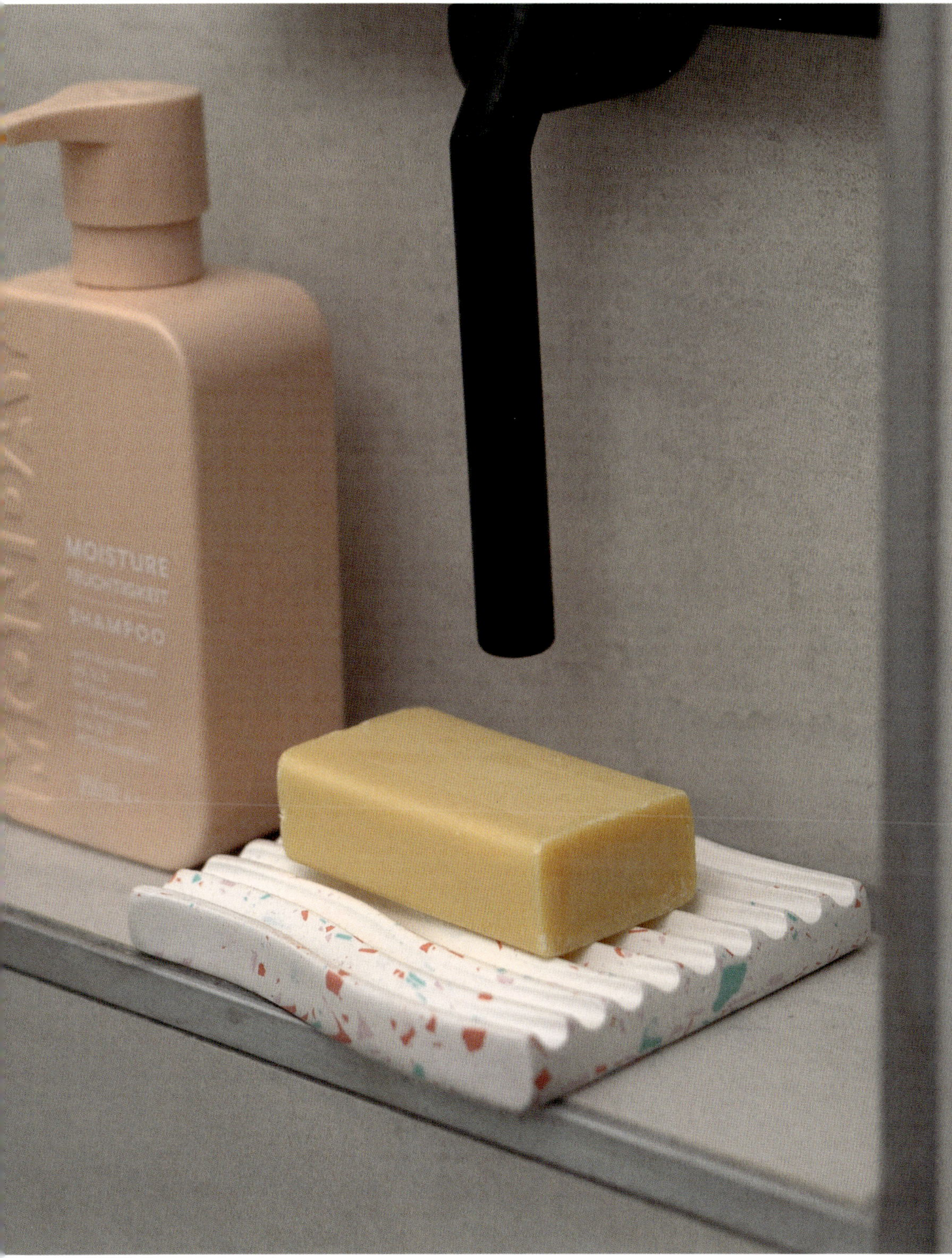
MOISTURE
SHAMPOO

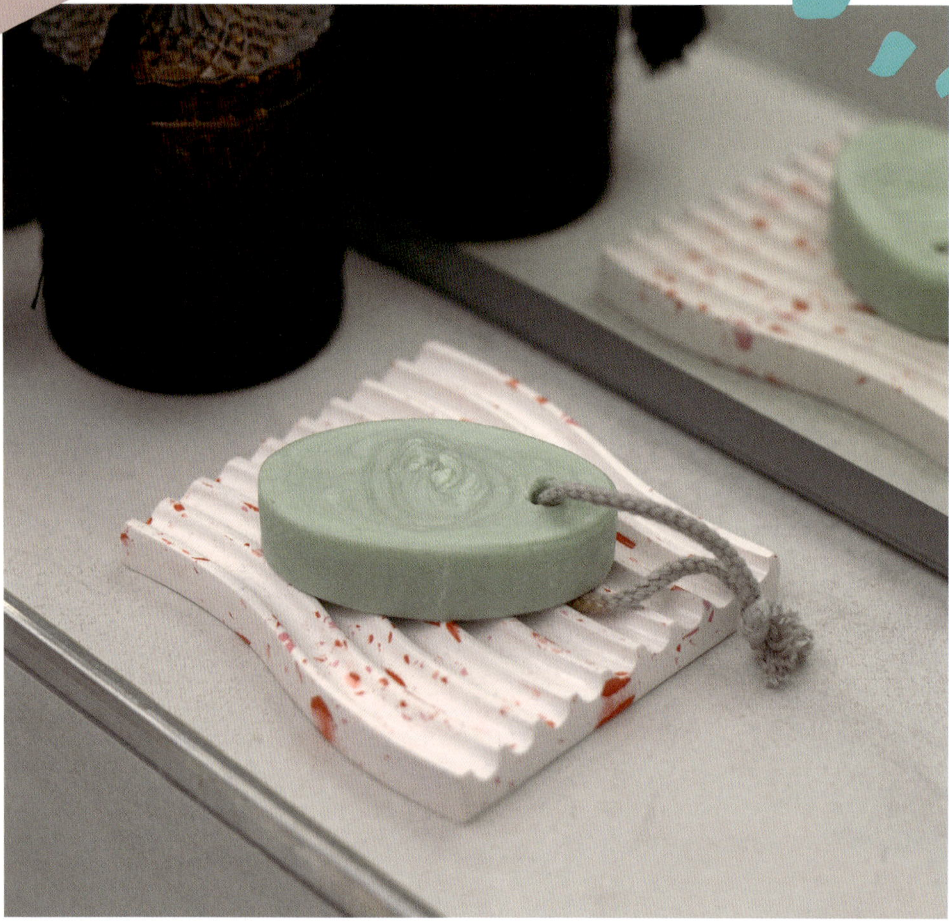

1

Die Terrazzo-Splitter herstellen, wie im Grundlagenteil auf Seite 14 beschrieben. Anschließend in sehr kleine Stücke brechen. Da sie sich in die Rillen der Wellenform einfügen müssen, sollten die Splitter kleiner sein als üblich.

2

Grundmasse für die Seifenform abwiegen, ggf. auch einfärben und Wasser hinzugeben, wie unter Tipps & Tricks auf Seite 26 beschrieben.

## 3

Mit einem Rührbesen oder Löffel vermengen, bis alle Klümpchen raus sind, wenn nötig, nochmal vorsichtig Wasser nachschütten, bis das Gießpulver eine cremig-flüssige Konsistenz hat, die sich gut verteilen lässt (Herstellerangaben beachten).

## 4

Terrazzo-Splitter hinzufügen – das Volumen der Splitter sollte fast so groß sein wie das flüssige Pulvervolumen. Das klingt erstmal viel, sorgt aber dafür, dass man zuverlässig ein schönes Terrazzo-Ergebnis erzielt.

## 5

Mit dem Rührbesen alles gut durchmengen, sodass sich die Grundmasse gut um die Terrazzo-Splitter verteilt. Diese Schritte sollten alle nicht zu lange dauern, da die Masse schnell antrocknet! Zügig arbeiten.

## 6

Die Gießmasse in die Form geben und bis knapp zum Rand befüllen.

## 7

Mit einem Holzspatel in die Rillen und Ecken gehen, damit sich die Masse gleichmäßig verteilen kann und keine Luftlöcher entstehen.

## 8

Mit den Fingern vorsichtig die Form anheben und seitlich abklopfen, damit die Luftbläschen rausgehen und die Masse glatt in der Form liegt.

## 9

Mit einem Spatel nochmal zusätzlich die Terrazzo-Splitter runterdrücken.

## 10

Mindestens 30 Minuten trocknen lassen (Herstellerangaben beachten).

## 11

Nach der Trockenzeit vorsichtig aus der Form lösen und nass abschleifen, wie im Grundlagenteil auf Seite 22 beschrieben. Darauf achten, dass man gerade in den Rillen gleichmäßig abschleift.

## 12

Nach dem Schleifprozess die Schale zum Trocknen so hinlegen, dass von allen Seiten Luft rankommt (Heizung, Gitter o. Ä.) und 24 Stunden trocknen lassen.

## 13

Wenn die Seifenschale getrocknet ist, muss sie mit Klarlack bestrichen werden, damit sie versiegelt ist und sich keine Wasserflecken bilden können. Wenn sie von allen Seiten mit Klarlack bestrichen und getrocknet ist, kann sie bedenkenlos auf dem Waschbeckenrand liegen.

# Große Platten in verschiedenen Formen

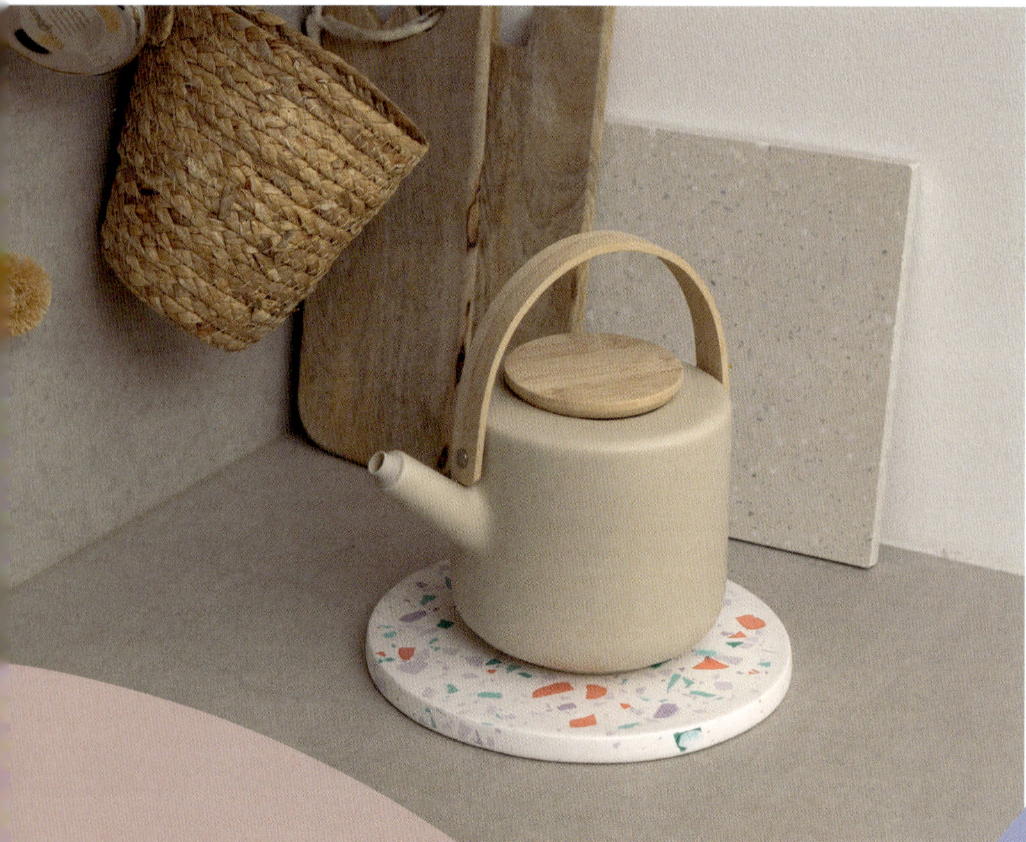

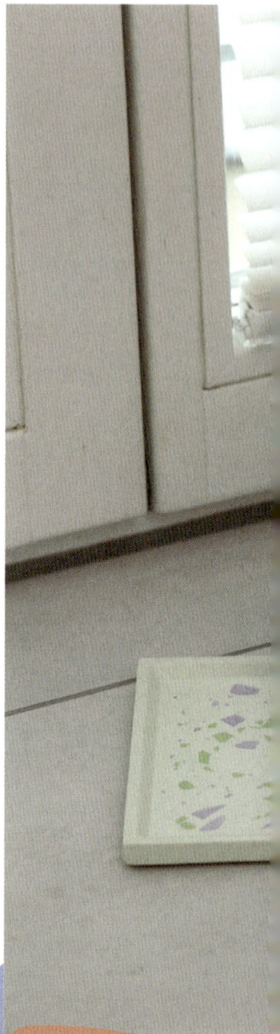

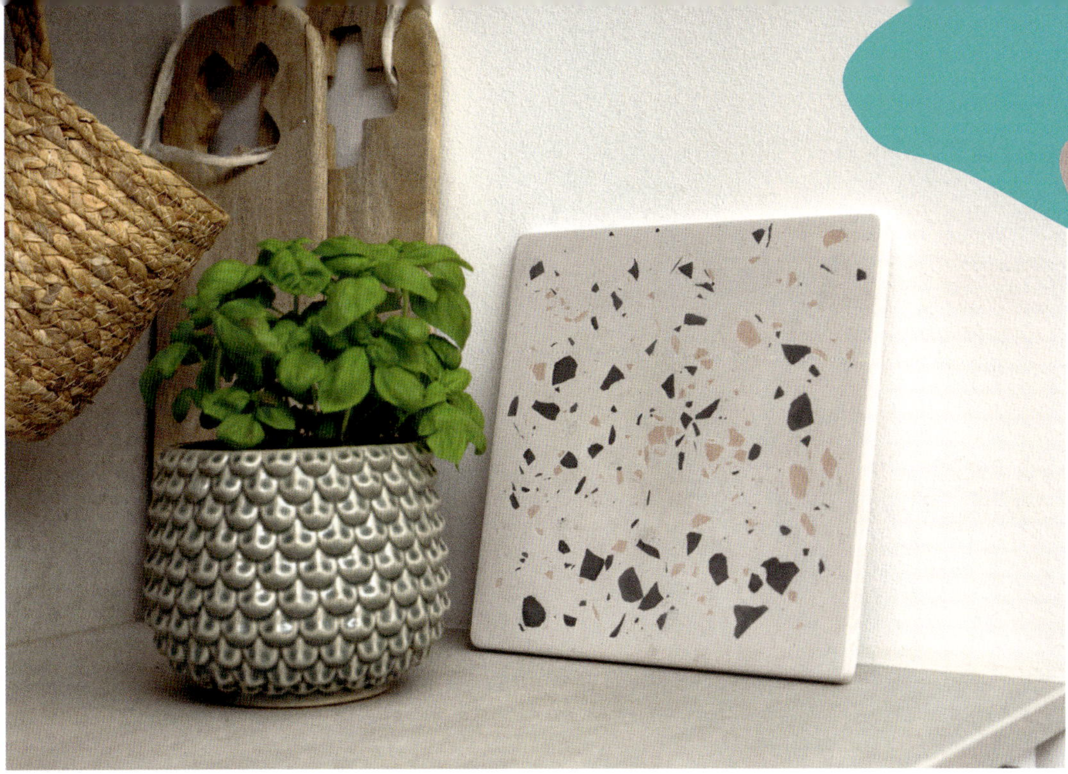

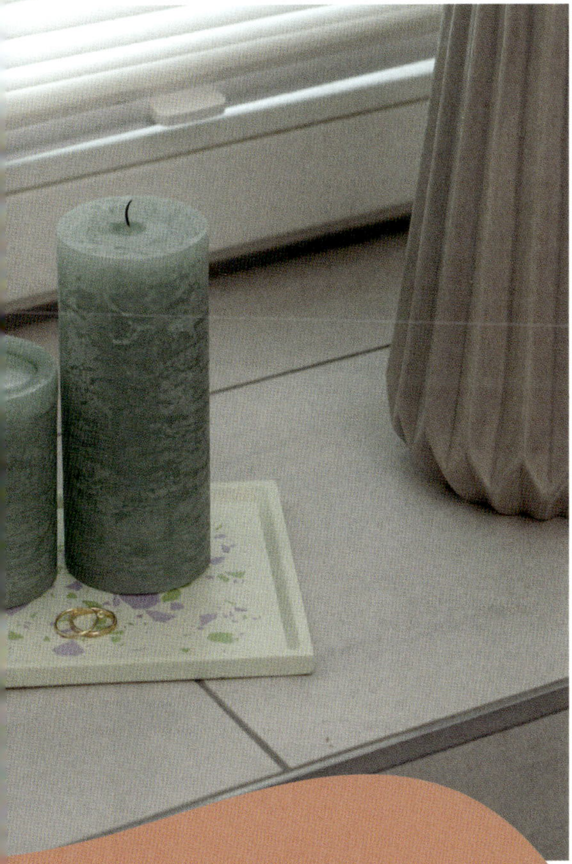

**Schwierigkeitsgrad**

# Material

- vorgefertigte Terrazzo-Splitter
- Gießpulver + ggf. Pigmentpulver zum Einfärben
- Digitalwaage
- Wasser
- große Schüssel zum Anrühren der Grundmasse
- Rührbesen
- Löffel
- Holzspatel
- Silikon- oder Kunststoffformen für Platten (z. B. von Rayher oder Etsy)
- Klarlack & Pinsel

1

Die Terrazzo-Splitter herstellen, wie im Grundlagenteil auf Seite 14 beschrieben. Anschließend in etwas größere Stücke brechen.

2

Bei Verwendung einer Kunststoffform diese dünn mit Öl bestreichen, siehe Tipps & Tricks auf Seite 28.

3

Grundmasse für die Platte abwiegen, ggf. auch einfärben und Wasser hinzugeben, wie im Grundlagenteil auf Seite 18 beschrieben.

4

Mit einem Rührbesen oder Löffel vermengen, bis alle Klümpchen raus sind, wenn nötig, nochmal vorsichtig Wasser nachschütten, bis das Gießpulver eine cremig-flüssige Konsistenz hat, die sich gut verteilen lässt (Herstellerangaben beachten).

5

Terrazzo-Splitter hinzufügen – das Volumen der Splitter sollte fast so groß sein wie das flüssige Pulvervolumen. Das klingt erstmal viel, sorgt aber dafür, dass man zuverlässig ein schönes Terrazzo-Ergebnis erzielt.

6

Mit dem Rührbesen alles gut durchmengen, sodass sich die Grundmasse gut um die Terrazzo-Splitter verteilt. Diese Schritte sollten alle nicht zu lange dauern, da die Masse schnell antrocknet! Zügig arbeiten.

7

Die Gießmasse in die Form geben und bis knapp zum Rand befüllen.

8

Mit einem Holzspatel in die Ecken gehen, damit sich die Masse gleichmäßig verteilen kann und keine Luftlöcher entstehen.

9

Mit den Fingern vorsichtig die Form anheben und seitlich abklopfen, damit die Luftbläschen rausgehen und die Masse glatt in der Form liegt.

10

Mit einem Spatel nochmal zusätzlich die Terrazzo-Splitter runterdrücken.

11

Mindestens 45 Minuten trocknen lassen (Herstellerangaben beachten). Größere Gießobjekte können eine längere Trockenzeit haben.

**Tipp!**
Je größer das gegossene Objekt, desto größer können auch die Terazzo-Splitter sein.

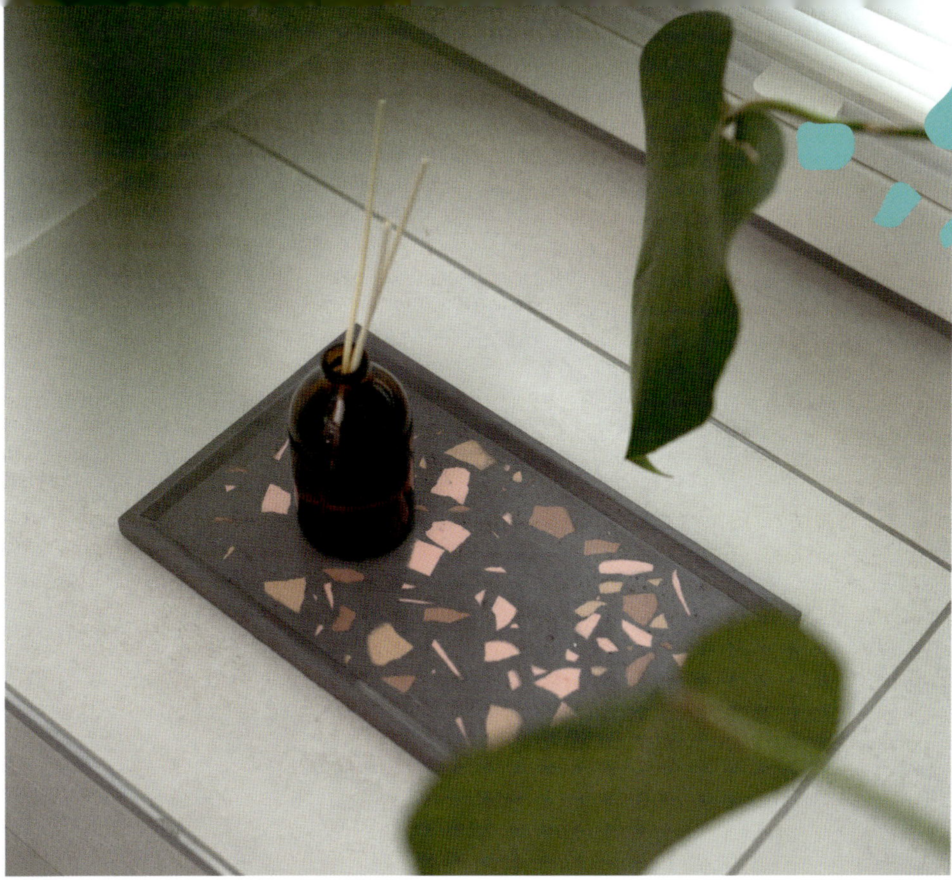

## 12

Nach der Trockenzeit vorsichtig aus der Form lösen und nass abschleifen, wie im Grundlagenteil auf Seite 22 beschrieben.

## 13

Nach dem Schleifprozess die Platte zum Trocknen so hinlegen, dass von allen Seiten Luft rankommt (Heizung, Gitter o. Ä.) und 48 Stunden trocknen lassen.

## 14

Wenn die Platte getrocknet ist, kann sie mit Klarlack bestrichen werden, damit sie versiegelt ist.

### Info:

Wenn du Formen aus Kunststoff verwendest, bestreiche diese vor dem Einfüllen der Gießmasse ganz dünn mit einem neutralen Öl (ähnlich wie beim Backen), dann löst sich das gegossene Objekt viel einfacher aus der Form, und man verhindert, dass die Form bricht. Das Öl sieht man nach der Trockenzeit nicht.

# Große Schale

**Schwierigkeitsgrad**

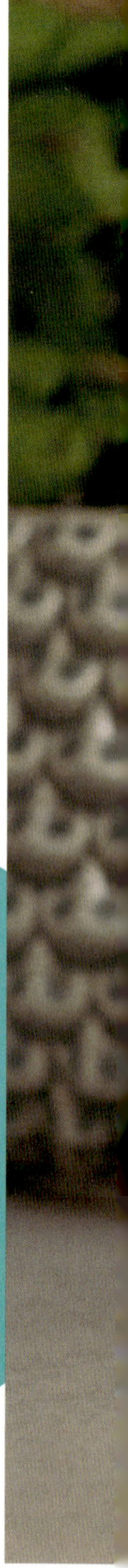

## Material

- vorgefertigte Terrazzo-Splitter
- Gießpulver + ggf. Pigmentpulver zum Einfärben
- Digitalwaage
- Wasser
- große Schüssel zum Anrühren der Grundmasse
- Rührbesen
- Löffel
- Holzspatel
- Silikonform für große Schale (z. B. von Etsy)
- Klarlack & Pinsel

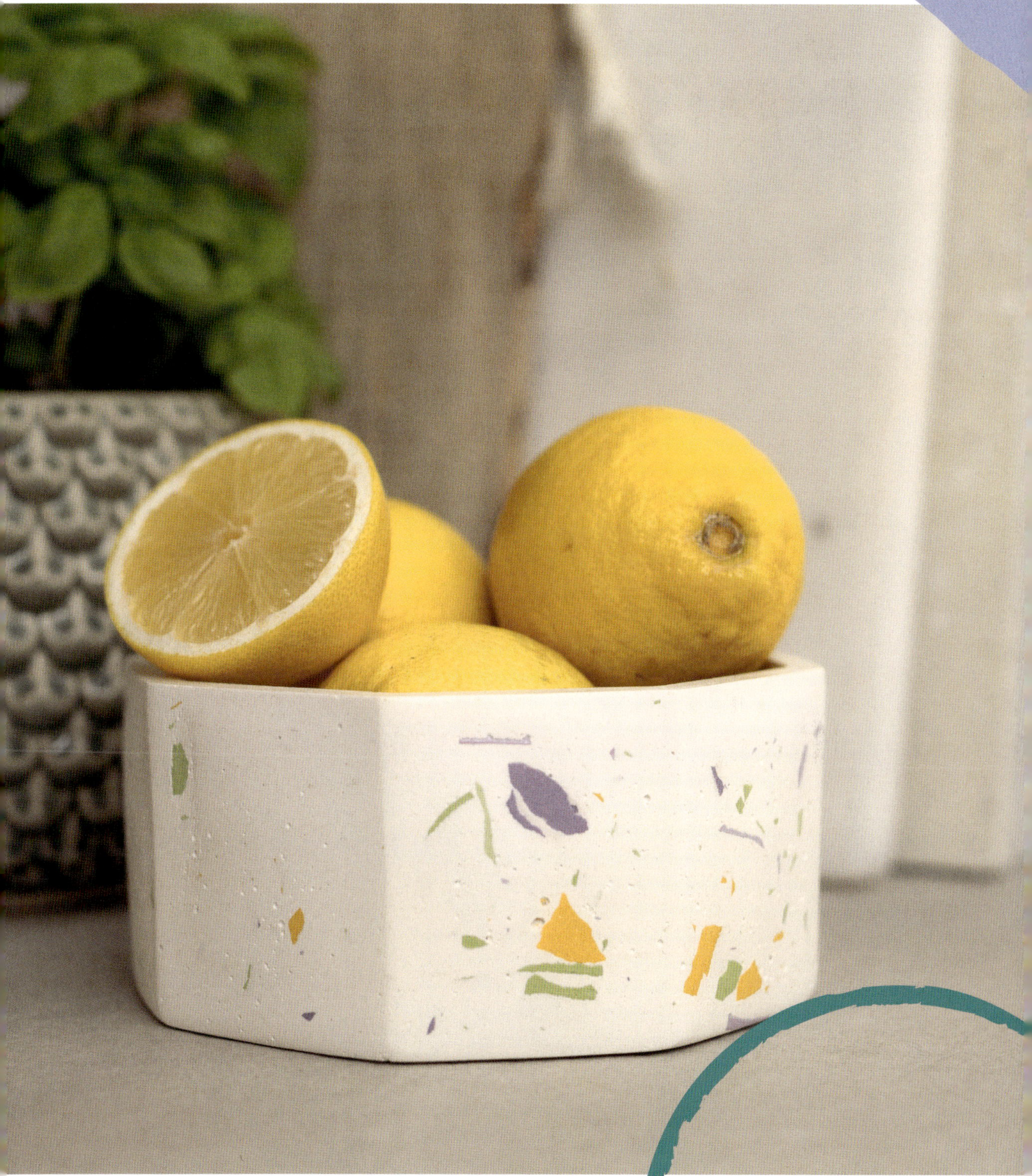

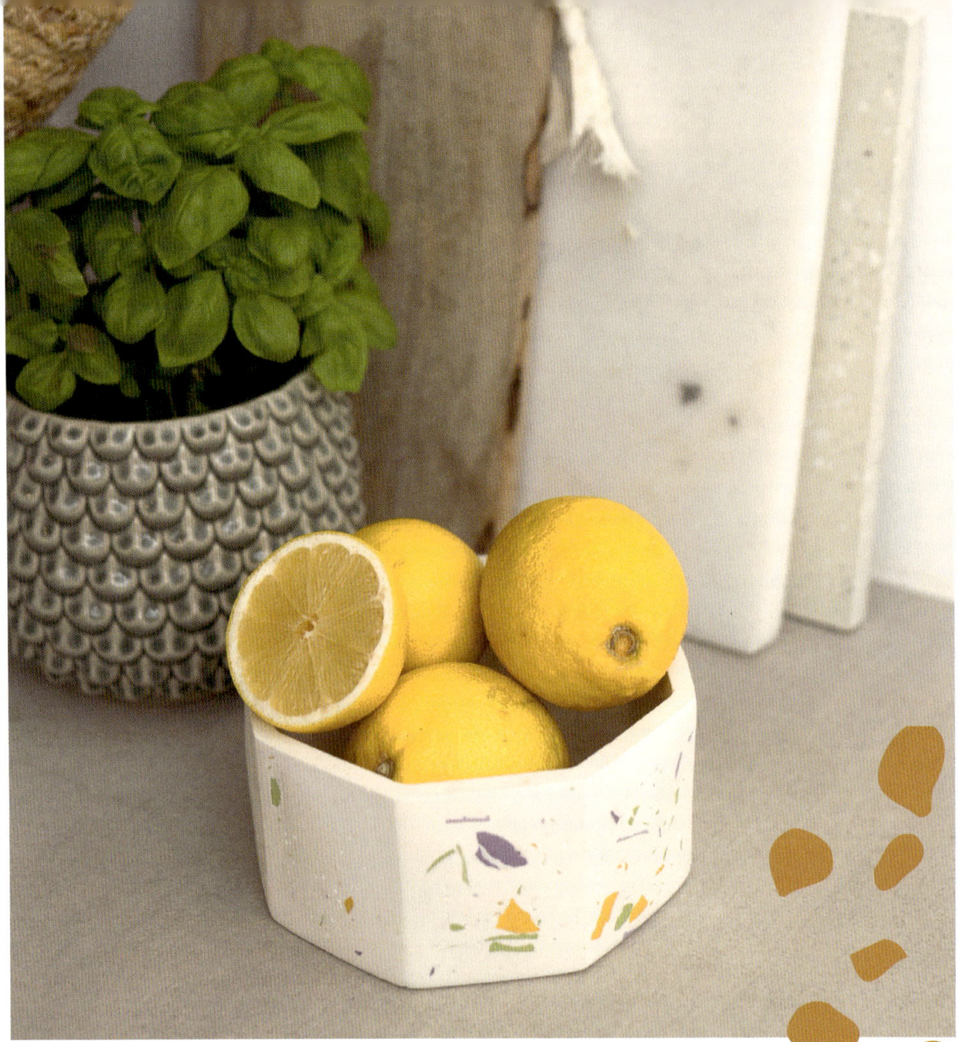

1

Die Terrazzo-Splitter herstellen, wie im Grundlagenteil auf Seite 14 beschrieben.

2

Grundmasse abwiegen und Wasser hinzugeben, wie im Grundlagenteil auf Seite 18 beschrieben.

3

Mit einem Rührbesen oder Löffel vermengen, bis alle Klümpchen raus sind, wenn nötig, nochmal vorsichtig Wasser nachschütten, bis das Gießpulver eine cremig-flüssige Konsistenz hat, die sich gut verteilen lässt (Herstellerangaben beachten).

## 4

Terrazzo-Splitter hinzufügen – das Volumen der Splitter sollte fast so groß sein wie das flüssige Pulvervolumen. Das klingt erstmal viel, sorgt aber dafür, dass man zuverlässig ein schönes Terrazzo-Ergebnis erzielt.

## 5

Mit dem Rührbesen alles gut durchmengen, sodass sich die Grundmasse gut um die Terrazzo-Splitter verteilt. Diese Schritte sollten alle nicht zu lange dauern, da die Masse schnell antrocknet! Zügig arbeiten.

## 6

Die Gießmasse in die Form geben und bis zum Rand befüllen.

## 7

Mit einem Spatel nochmal zusätzlich die Terrazzo-Splitter an die Außenseite drücken.

## 8

Mit den Fingern vorsichtig die Form anheben und seitlich abklopfen, damit die Luftbläschen rausgehen und die Masse glatt in der Form liegt.

## 9

Mindestens 45 Minuten trocknen lassen (Herstellerangaben beachten).

## 10

Nach der Trockenzeit vorsichtig aus der Form lösen und nass abschleifen, wie im Grundlagenteil auf Seite 22 beschrieben.

## 11

Nach dem Schleifprozess die Schale zum Trocknen so hinstellen, dass von allen Seiten Luft rankommt (Heizung, Gitter o. Ä.) und 48 Stunden trocknen lassen.

## 12

Wenn die Schale getrocknet ist, muss sie mit Klarlack bestrichen werden. Es ist wichtig bei der Schale, dass diese von innen und außen mit Klarlack bestrichen wird. So kann sie problemlos z. B. als Obstschale verwendet werden.

### Info:

Wenn du eine dünne Silikonform benutzt, achte darauf, dass die Silikonform von einer stabileren Form aus Kunststoff außen gehalten wird. Aufgrund der Menge an Gießpulver kann eine dünne Silikonform die Masse nicht allein tragen, und die Form fällt beim Gießen in sich zusammen. Die Formen mit Kunststoffumrandung sind teurer, lohnen sich aber.

# WUNDERSCHÖNE TERRAZZO-PROJEKTE *für den Wohnraum*

Terrazzo-Deko macht einfach jeden Raum schöner und ist immer ein Hingucker! Und sieht nicht nur klasse aus, sondern ist zudem manchmal auch noch praktisch.

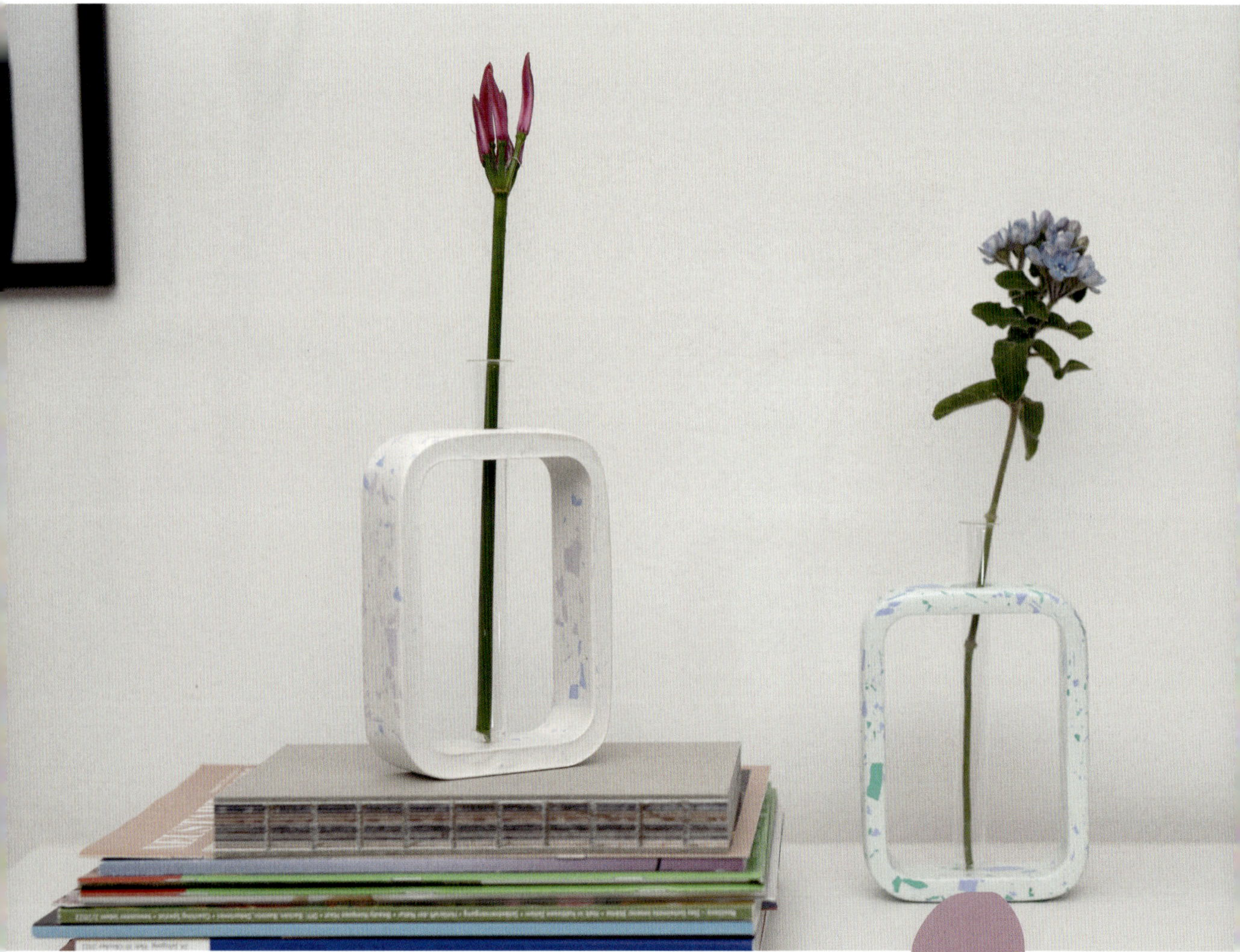

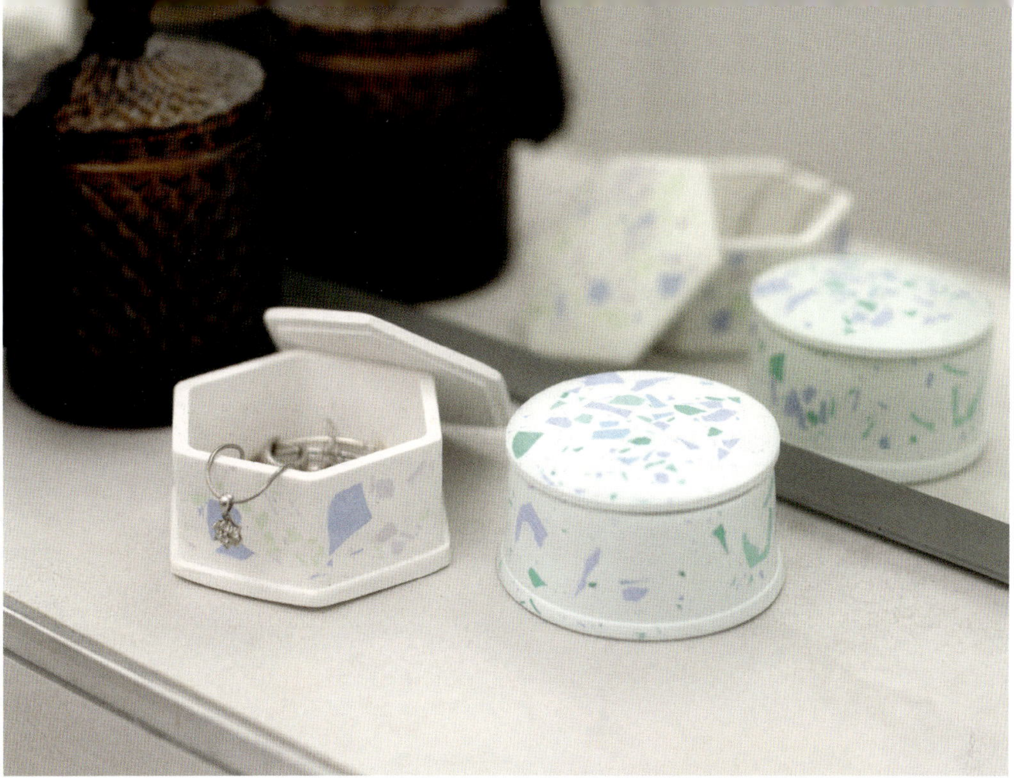

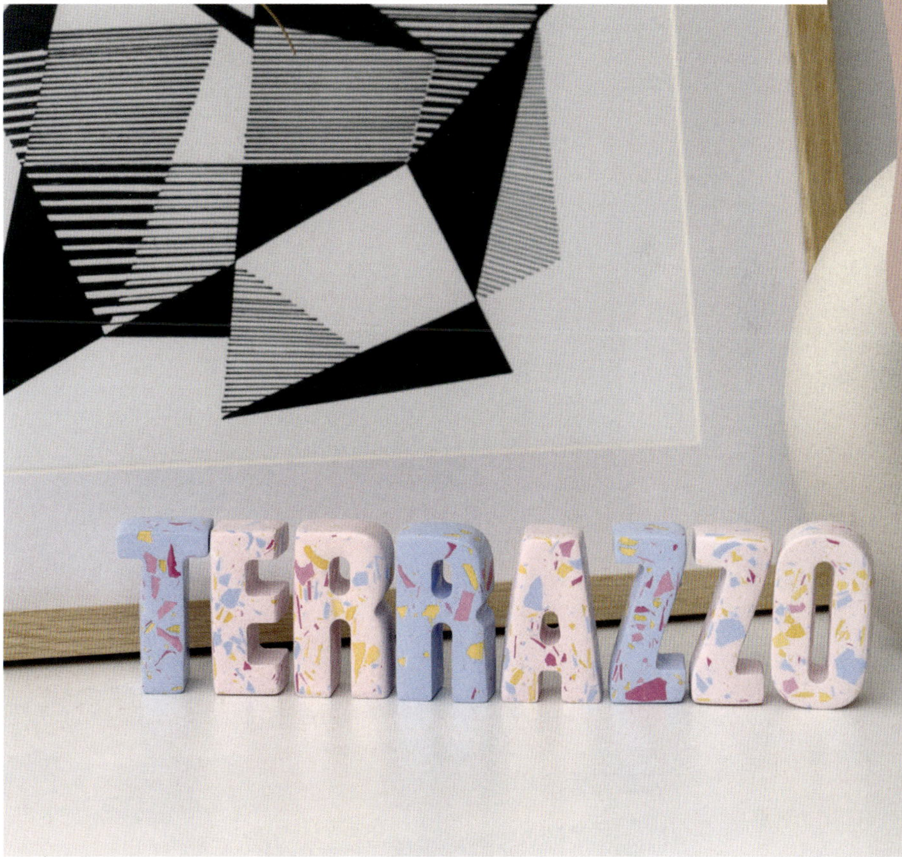
TERRAZZO

# Terrazzo-
# Buchstaben

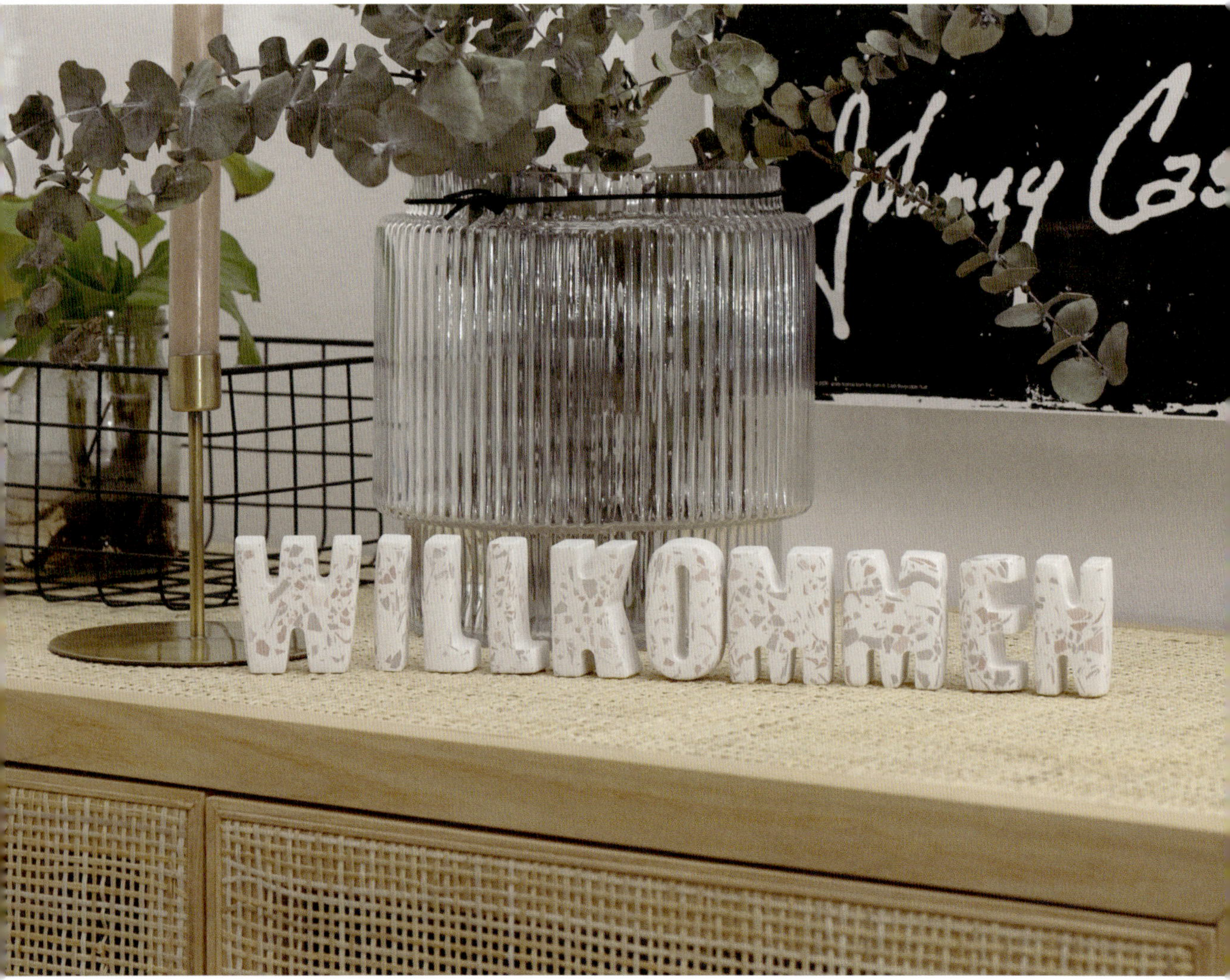

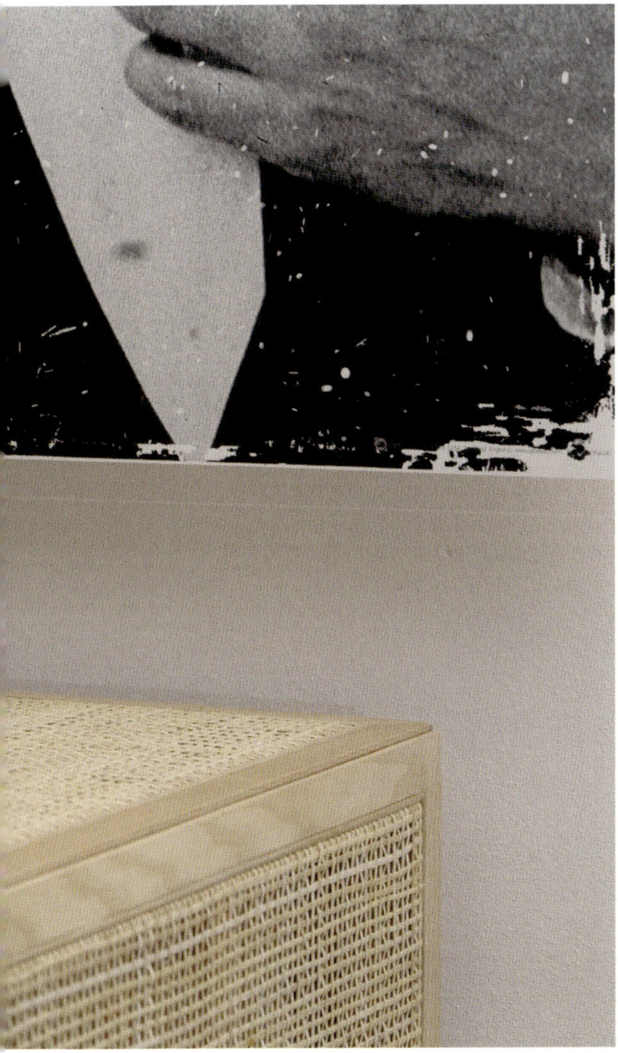

**Schwierigkeitsgrad**

## Material

- vorgefertigte Terrazzo-Splitter
- Gießpulver + ggf. Pigmentpulver zum Einfärben
- Digitalwaage
- Wasser
- Gipsbecher/Gefäß zum Anrühren der Grundmasse
- Rührbesen
- Löffel
- Holzspatel
- Silikonform Buchstaben
- Klarlack & Pinsel

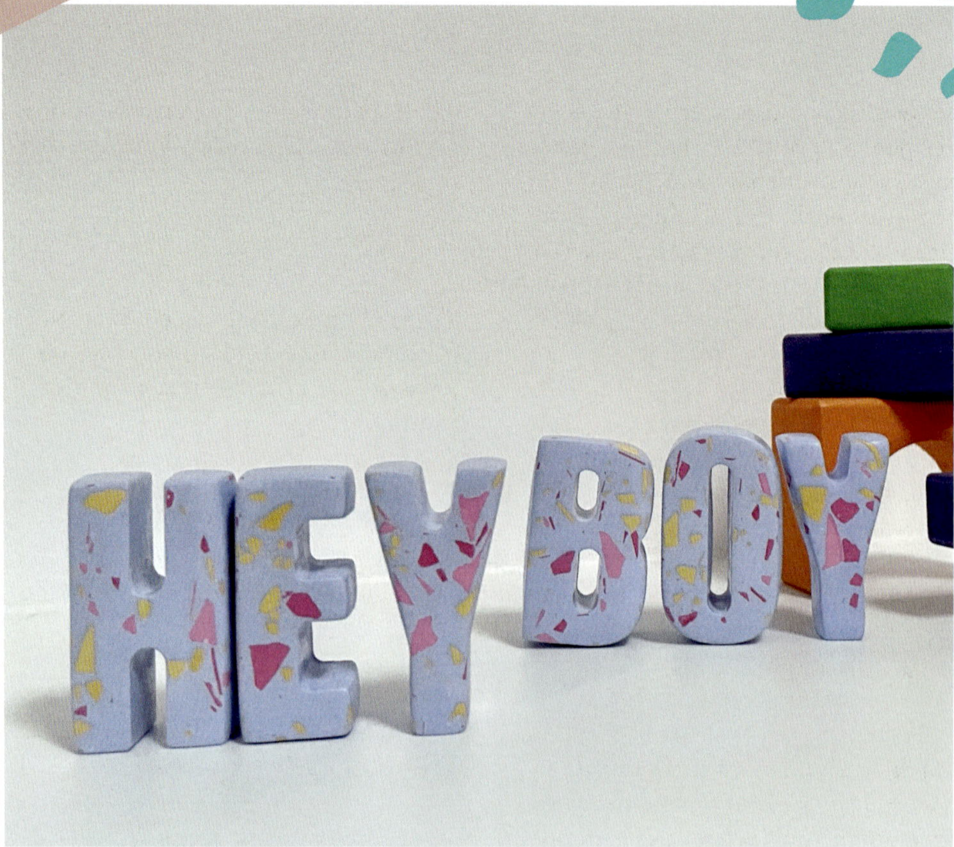


1

Die Terrazzo-Splitter herstellen, wie im Grundlagenteil auf Seite 14 beschrieben.

2

Grundmasse für die Buchstaben abwiegen, ggf. auch einfärben und Wasser hinzugeben, wie im Grundlagenteil auf Seite 18 beschrieben.

3

Mit einem Rührbesen oder Löffel vermengen, bis alle Klümpchen raus sind, wenn nötig, nochmal vorsichtig Wasser nachschütten, bis das Gießpulver eine cremig-flüssige Konsistenz hat, die sich gut verteilen lässt (Herstellerangaben beachten).

4

Terrazzo-Splitter hinzufügen – das Volumen der Splitter sollte fast so groß sein wie das flüssige Pulvervolumen. Das klingt erstmal viel, sorgt aber dafür, dass man zuverlässig ein schönes Terrazzo-Ergebnis erzielt.

5

Mit dem Rührbesen alles gut durchmengen, sodass sich die Grundmasse gut um die Terrazzo-Splitter verteilt. Diese Schritte sollten alle nicht zu lange dauern, da die Masse schnell antrocknet! Zügig arbeiten.

6

Die Gießmasse in die Form geben und bis knapp zum Rand befüllen. Darauf achten, dass alle Buchstaben recht dick befüllt werden und dass sie gleich hoch sind, damit sie später gut stehen können.

7

Mit einem Holzspatel in die Rillen und Ecken gehen, damit sich die Masse gleichmäßig verteilen kann und keine Luftlöcher entstehen. Darauf achten, dass die Terrazzo-Splitter die Silikonform nicht verformen!

8

Mit den Fingern vorsichtig die Form anheben und seitlich abklopfen, damit die Luftbläschen rausgehen und die Masse glatt in der Form liegt.

9

Mit einem Spatel nochmal zusätzlich die Terrazzo-Splitter runterdrücken.

10

Mindestens 30 Minuten trocknen lassen (Herstellerangaben beachten).

11

Nach der Trockenzeit vorsichtig aus der Form lösen und nass abschleifen, wie im Grundlagenteil auf Seite 22 beschrieben.

12

Nach dem Schleifprozess zum Trocknen so hinlegen, dass von allen Seiten Luft rankommt (Heizung, Gitter o. Ä.) und 24 Stunden trocknen lassen.

13

Wenn die Buchstaben getrocknet sind, kann man sie mit Klarlack bestreichen.

# Wandhaken & Kommoden-Knauf

Schwierigkeitsgrad

## Material

- vorgefertigte Terrazzo-Splitter
- Gießpulver + ggf. Pigmentpulver zum Einfärben
- Digitalwaage
- Wasser
- Gipsbecher/Gefäß zum Anrühren der Grundmasse
- Rührbesen
- Löffel
- Holzspatel
- Silikonform Steine (z. B. von Rayher)
- Eingießset für Dekoknäufe von Rayher
- Klarlack & Pinsel

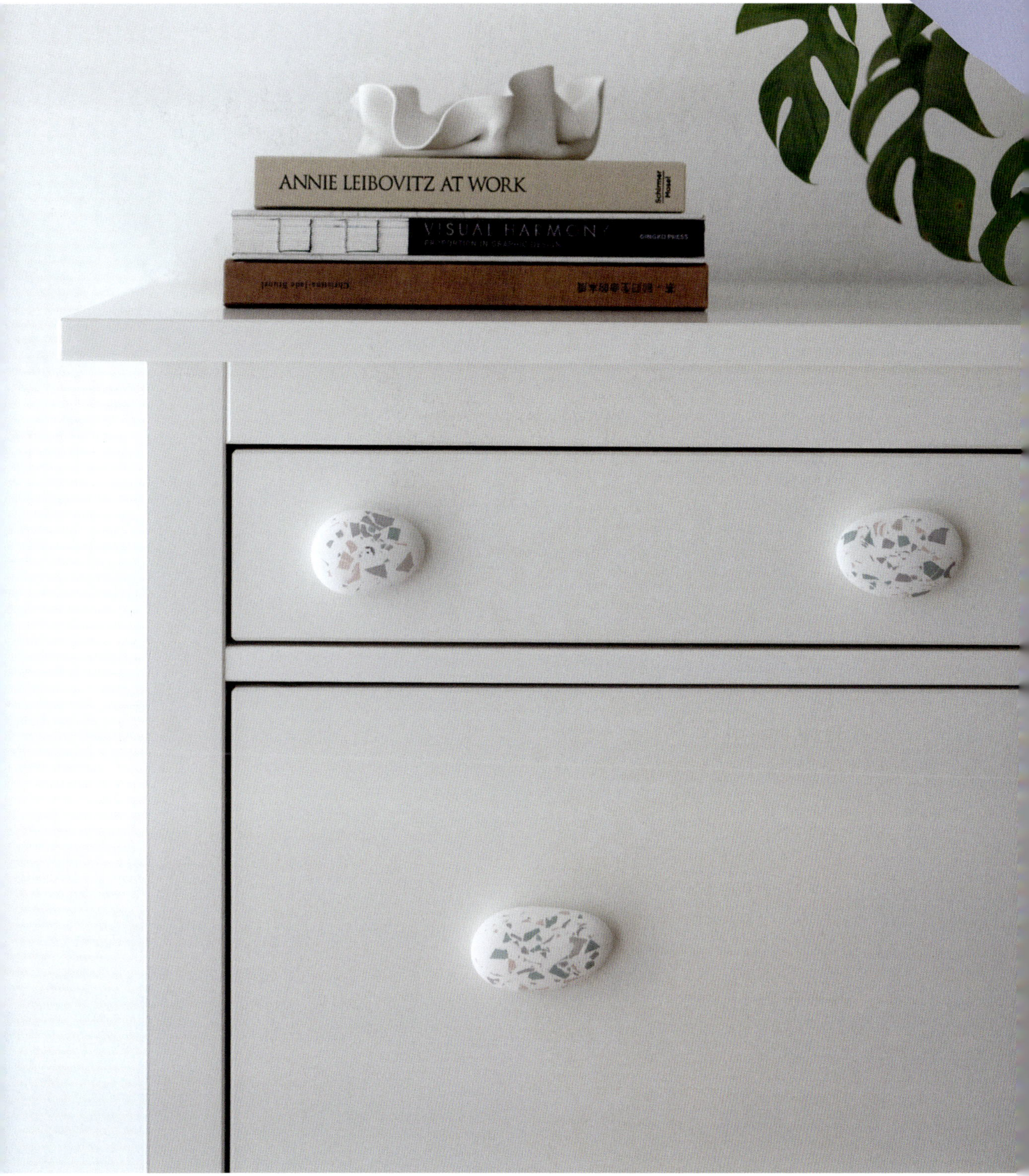
ANNIE LEIBOVITZ AT WORK
Schirmer Mosel
VISUAL HARMONY
GINGKO PRESS

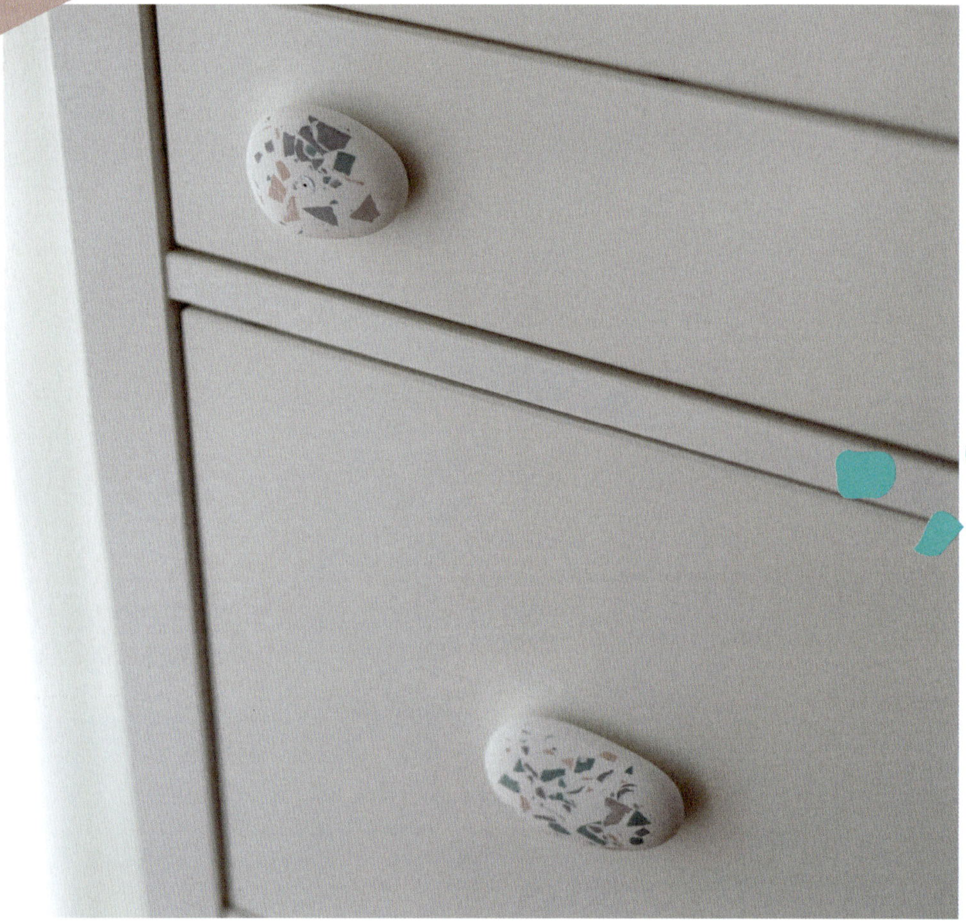

1

Die Terrazzo-Splitter herstellen, wie im Grundlagenteil auf Seite 14 beschrieben.

2

Grundmasse abwiegen, ggf. auch einfärben und Wasser hinzugeben, wie im Grundlagenteil auf Seite 18 beschrieben.

## 3

Mit einem Rührbesen oder Löffel vermengen, bis alle Klümpchen raus sind, wenn nötig, nochmal vorsichtig Wasser nachschütten, bis das Gießpulver eine cremig-flüssige Konsistenz hat, die sich gut verteilen lässt (Herstellerangaben beachten).

## 4

Terrazzo-Splitter hinzufügen – das Volumen der Splitter sollte fast so groß sein wie das flüssige Pulvervolumen. Das klingt erstmal viel, sorgt aber dafür, dass man zuverlässig ein schönes Terrazzo-Ergebnis erzielt.

## 5

Mit dem Rührbesen alles gut durchmengen, sodass sich die Grundmasse gut um die Terrazzo-Splitter verteilt. Diese Schritte sollten alle nicht zu lange dauern, da die Masse schnell antrocknet! Zügig arbeiten.

## 6

Die Gießmasse in die Form geben und ca. 1 cm zum Rand frei lassen.

## 7

Die Schrauben in die Form eintauchen und darauf achten, sie nicht zu fest anzudrücken, damit die Schraube vorne nicht sichtbar wird. Wenn nötig, nochmal Gießmasse nachschütten, bis die Form ausgefüllt ist.

## 8

Mit den Fingern vorsichtig die Form anheben und seitlich abklopfen, damit die Luftbläschen rausgehen und die Masse glatt in der Form liegt. Darauf achten, dass die Schrauben gerade bleiben.

## 9

Mindestens 30 Minuten trocknen lassen (Herstellerangaben beachten).

## 10

Nach der Trockenzeit vorsichtig aus der Form lösen und nass abschleifen, wie im Grundlagenteil auf Seite 22 beschrieben. Darauf achten, dass man nicht zu viel abschleift, da sonst die Schraube durchkommt.

## 11

Nach dem Schleifprozess zum Trocknen so hinlegen, dass von allen Seiten Luft rankommt (Heizung, Gitter o. Ä.) und 24 Stunden trocknen lassen.

## 12

Wenn die Haken/Knäufe getrocknet sind, kann man sie mit Klarlack bestreichen und nach der Trockenzeit an die Wand oder die Kommode anbringen.

# Kleines Kästchen mit Deckel

**Schwierigkeitsgrad**

## Material

- vorgefertigte Terrazzo-Splitter
- Gießpulver + ggf. Pigmentpulver zum Einfärben
- Digitalwaage
- Wasser
- Gipsbecher/Gefäß zum Anrühren der Grundmasse
- Rührbesen
- Löffel
- Holzspatel
- Silikonform für kleine Kästchen (z. B. von Etsy)
- Klarlack & Pinsel

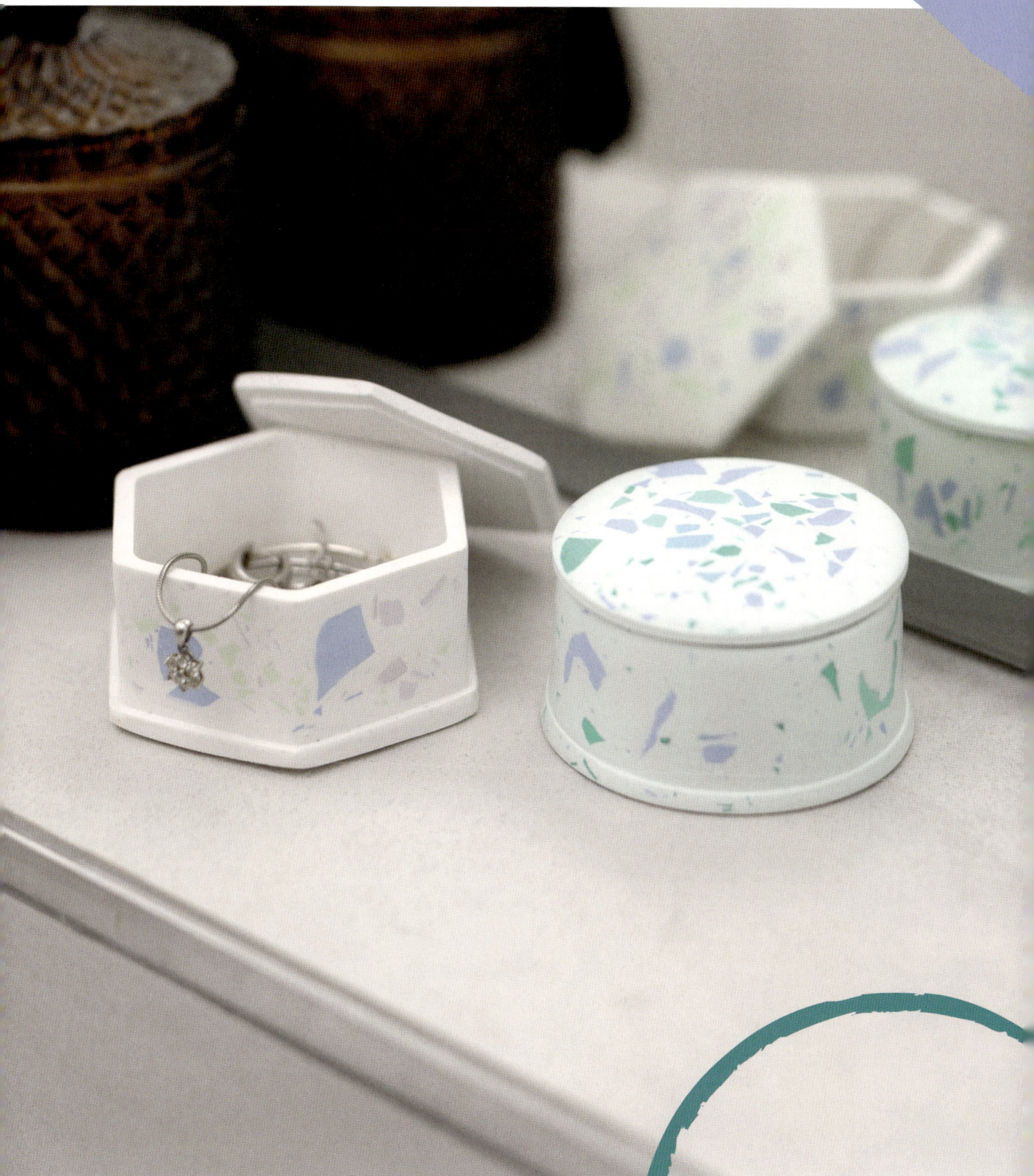

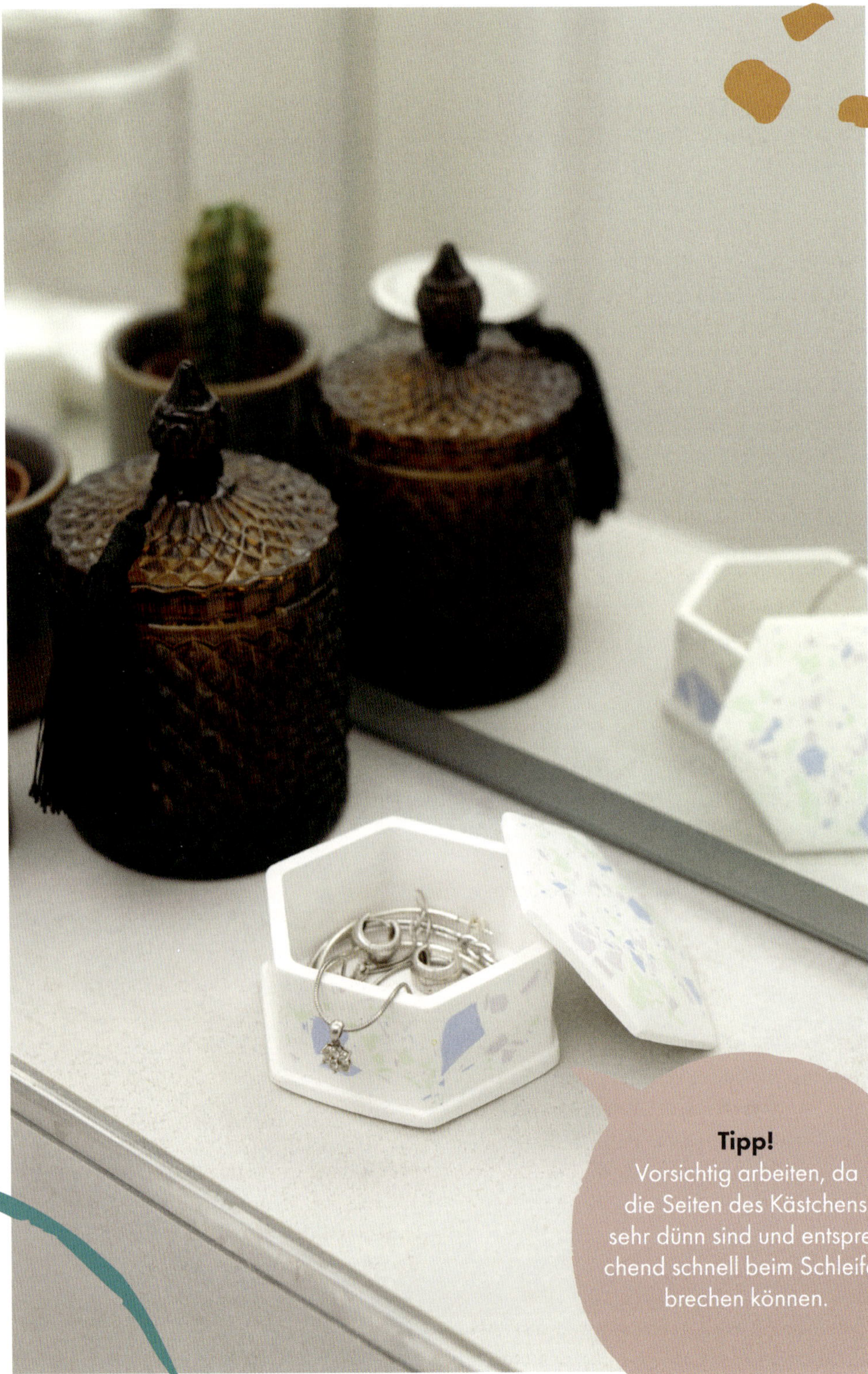

**Tipp!**
Vorsichtig arbeiten, da die Seiten des Kästchens sehr dünn sind und entsprechend schnell beim Schleifen brechen können.

1

Die Terrazzo-Splitter herstellen, wie im Grundlagenteil auf Seite 14 beschrieben.

2

Grundmasse für die Kästchen abwiegen und Wasser hinzugeben, wie im Grundlagenteil auf Seite 18 beschrieben.

3

Mit einem Rührbesen oder Löffel vermengen, bis alle Klümpchen raus sind, wenn nötig, nochmal vorsichtig Wasser nachschütten, bis das Gießpulver eine cremige, eher flüssige Konsistenz hat, die sich gut verteilen lässt (Herstellerangaben beachten).

4

Terrazzo-Splitter hinzufügen – das Volumen der Splitter sollte fast so groß sein wie das flüssige Pulvervolumen. Das klingt erstmal viel, sorgt aber dafür, dass man zuverlässig ein schönes Terrazzo-Ergebnis erzielt.

5

Mit dem Rührbesen alles gut durchmengen, sodass sich die Grundmasse gut um die Terrazzo-Splitter verteilt. Diese Schritte sollten alle nicht zu lange dauern, da die Masse schnell antrocknet! Zügig arbeiten.

6

Die Gießmasse in die Formen (Kästchen & Deckel) geben und bis knapp zum Rand befüllen.

7

Mit einem Holzspatel in die Rillen und Ecken gehen, damit sich die Masse gleichmäßig verteilen kann und keine Luftlöcher entstehen. Gerade die Deckel sind sehr anfällig für Luftlöcher, gründlich arbeiten!

8

Mit den Fingern vorsichtig die Form anheben und seitlich abklopfen, damit die Luftbläschen rausgehen und die Masse glatt in der Form liegt.

9

Mit einem Spatel nochmal zusätzlich die Terrazzo-Splitter runterdrücken.

10

Mindestens 30 Minuten trocknen lassen (Herstellerangaben beachten).

11

Nach der Trockenzeit vorsichtig aus der Form lösen und nass abschleifen, wie im Grundlagenteil auf Seite 22 beschrieben. Da die Wände des Kästchens sehr dünn sind, nicht zu viel schleifen.

12

Nach dem Schleifprozess zum Trocknen so hinlegen, dass von allen Seiten Luft rankommt (Heizung, Gitter o. Ä.) und 24 Stunden trocknen lassen.

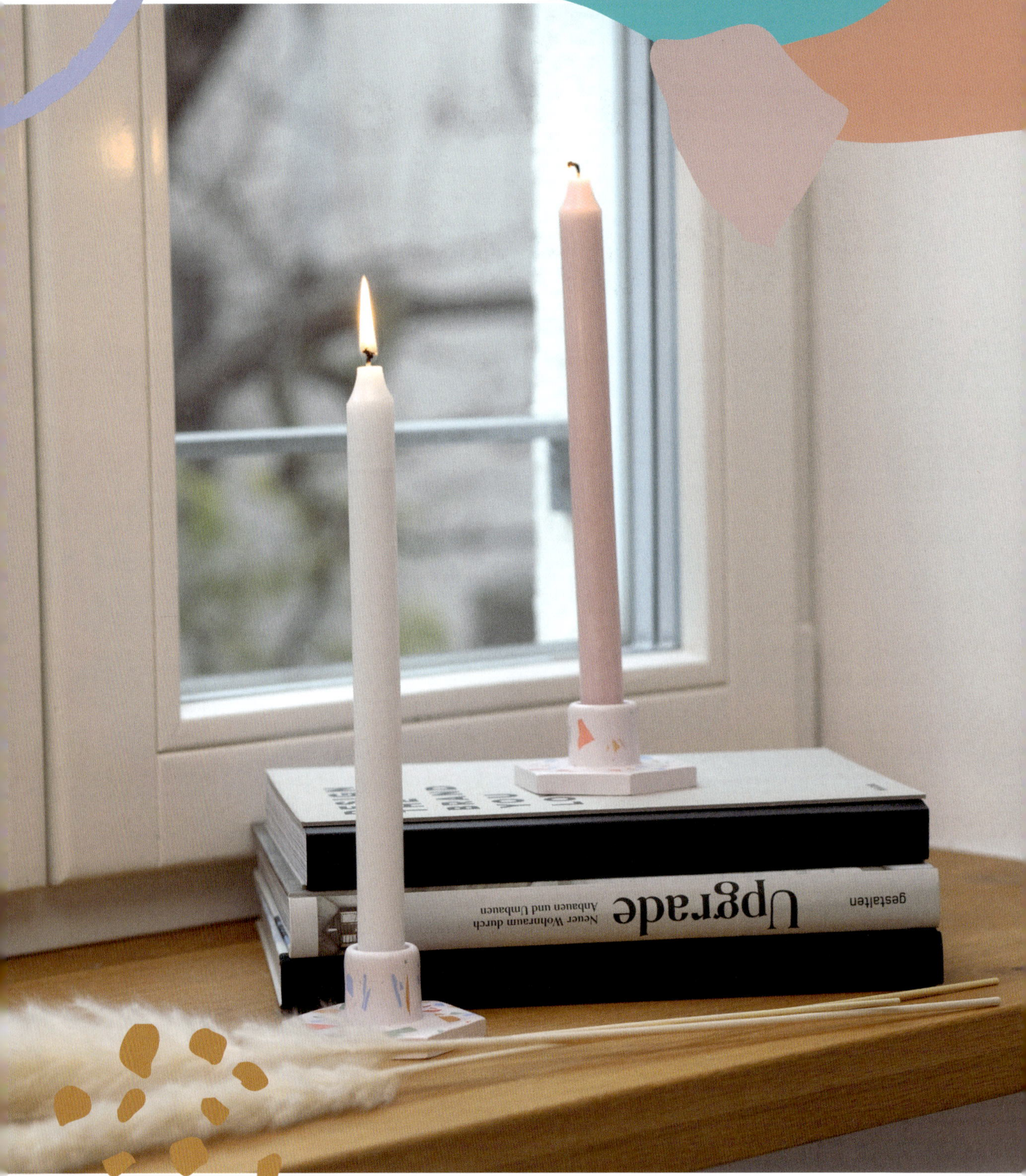
Upgrade
Neuer Wohnraum durch
Anbauen und Umbauen
gestalten

# Eckiger Kerzenständer

**Schwierigkeitsgrad**

## Material

- vorgefertigte Terrazzo-Splitter
- Gießpulver + ggf. Pigmentpulver zum Einfärben
- Digitalwaage
- Wasser
- Gipsbecher/Gefäß zum Anrühren der Grundmasse
- Rührbesen
- Löffel
- Holzspatel
- Silikonform für eckige Kerzenständer (z. B. von Etsy)
- Klarlack & Pinsel

1

Die Terrazzo-Splitter herstellen, wie im Grundlagenteil auf Seite 14 beschrieben.

2

Grundmasse abwiegen, ggf. auch einfärben und Wasser hinzugeben, wie im Grundlagenteil auf Seite 18 beschrieben.

3

Mit einem Rührbesen oder Löffel vermengen, bis alle Klümpchen raus sind, wenn nötig, nochmal vorsichtig Wasser nachschütten, bis das Gießpulver eine cremigflüssige Konsistenz hat, die sich gut verteilen lässt (Herstellerangaben beachten).

4

Terrazzo-Splitter hinzufügen – das Volumen der Splitter sollte fast so groß sein wie das flüssige Pulvervolumen. Das klingt erstmal viel, sorgt aber dafür, dass man zuverlässig ein schönes Terrazzo-Ergebnis erzielt.

5

Mit dem Rührbesen alles gut durchmengen, sodass sich die Grundmasse gut um die Terrazzo-Splitter verteilt. Diese Schritte sollten alle nicht zu lange dauern, da die Masse schnell antrocknet! Zügig arbeiten.

6

Die Gießmasse in die Form geben und erstmal den runden Teil, wo die Kerze reinkommt befüllen, direkt mit dem Spatel in die Rillen gehen und die Terrazzo-Splitter andrücken, danach den Rest der Form mit der Gießmasse füllen.

7

Mit den Fingern vorsichtig die Form anheben und seitlich abklopfen, damit die Luftbläschen rausgehen und die Masse glatt in der Form liegt.

8

Mit einem Spatel nochmal zusätzlich die Terrazzo-Splitter runterdrücken.

9

Mindestens 30 Minuten trocknen lassen (Herstellerangaben beachten).

10

Nach der Trockenzeit vorsichtig aus der Form lösen und nass abschleifen, wie im Grundlagenteil auf Seite 22 beschrieben. Darauf achten, dass man die Ecken nicht zu sehr abschleift.

11

Nach dem Schleifprozess den Kerzenständer zum Trocknen so hinlegen, dass von allen Seiten Luft rankommt (Heizung, Gitter o. Ä.) und 24 Stunden trocknen lassen.

12

Wenn der Kerzenständer getrocknet ist, kann er mit Klarlack bestrichen werden, damit er versiegelt ist und ggf. Wachsreste einfacher abgehen.

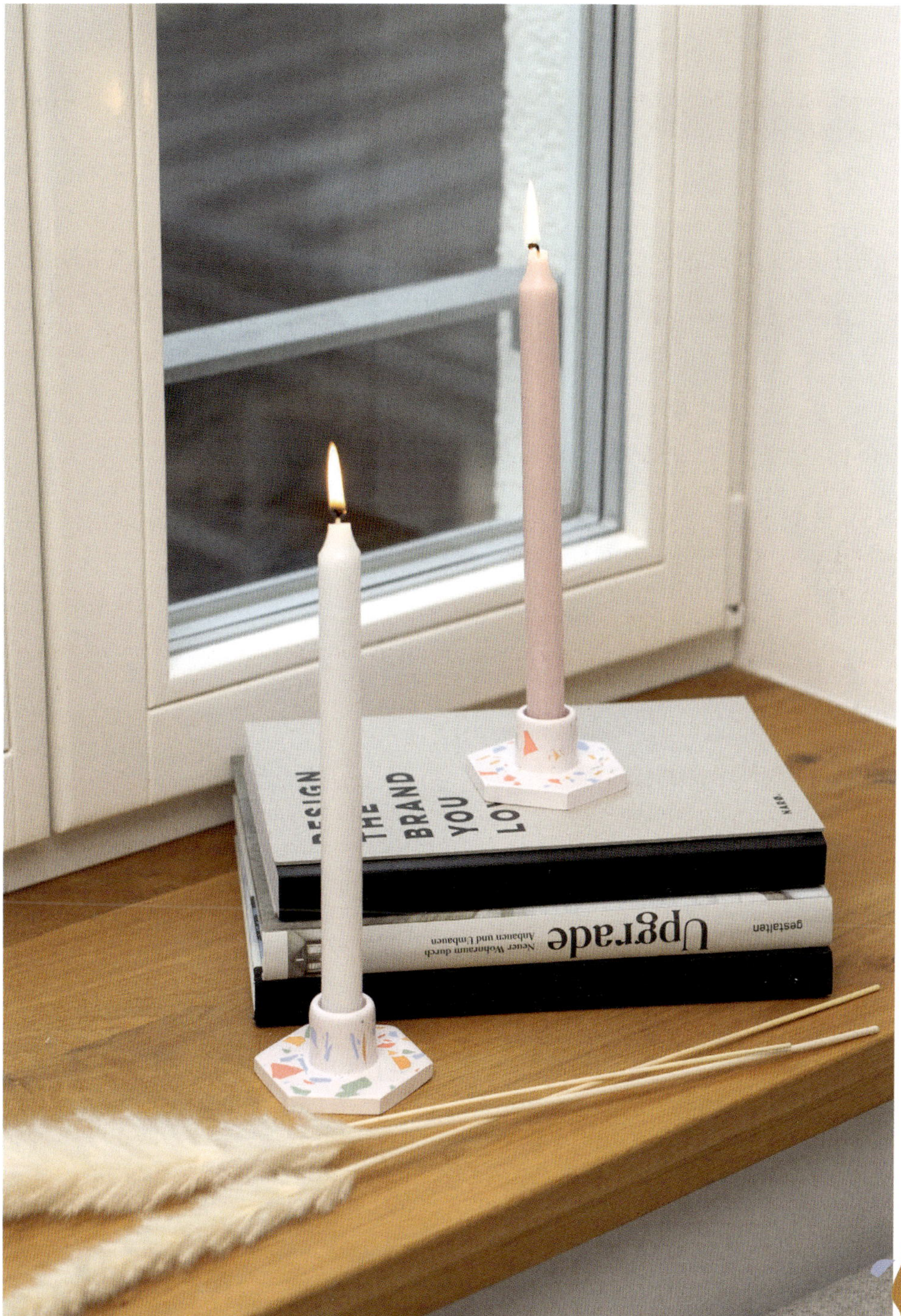
THE
BRAND
YOU
Upgrade
Neuer Wohnraum durch
Anbauen und Umbauen
gestalten

# Runde Kerzenständer

**Schwierigkeitsgrad**

## Material

- vorgefertigte Terrazzo-Splitter
- Gießpulver + ggf. Pigmentpulver zum Einfärben
- Digitalwaage
- Wasser
- Gipsbecher/Gefäß zum Anrühren der Grundmasse
- Rührbesen
- Löffel
- Holzspatel
- Silikonform für Kerzenständer (z. B. von Etsy)
- Klarlack & Pinsel

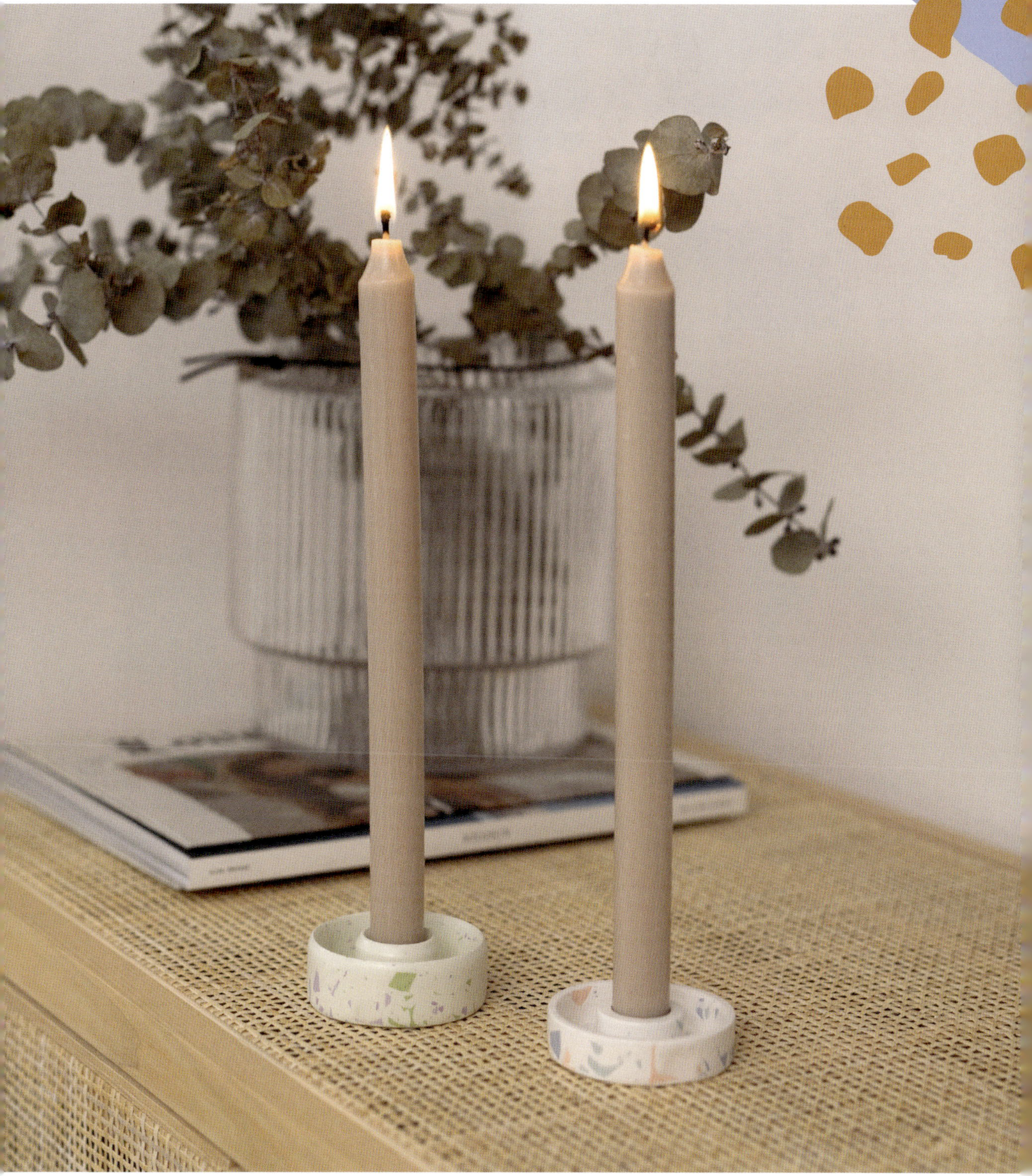

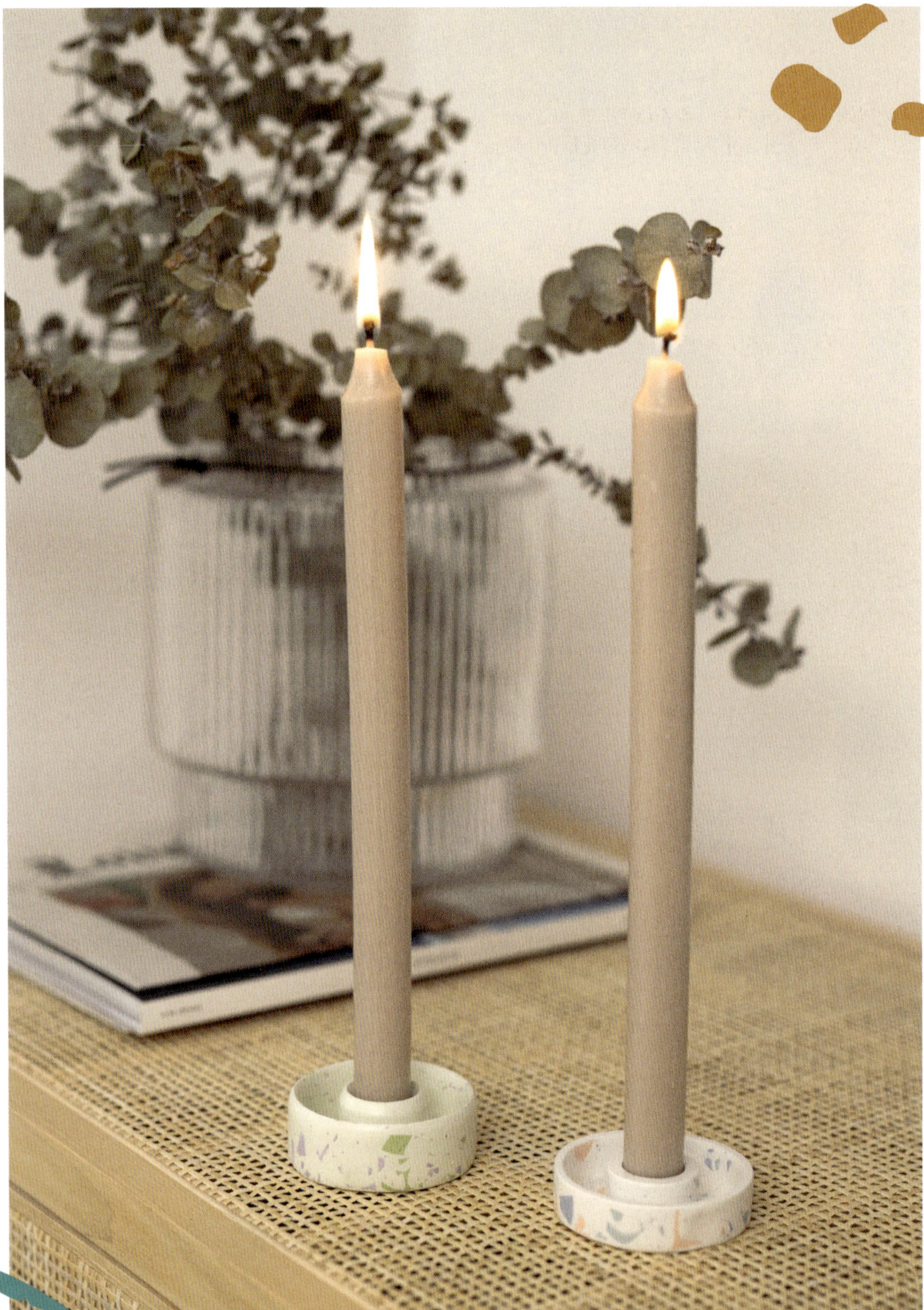

1

Die Terrazzo-Splitter herstellen, wie im Grundlagenteil auf Seite 14 beschrieben.

2

Grundmasse abwiegen, ggf. auch einfärben und Wasser hinzugeben, wie im Grundlagenteil auf Seite 18 beschrieben.

3

Mit einem Rührbesen oder Löffel vermengen, bis alle Klümpchen raus sind, wenn nötig, nochmal vorsichtig Wasser nachschütten, bis das Gießpulver eine cremig-flüssige Konsistenz hat, die sich gut verteilen lässt (Herstellerangaben beachten).

4

Terrazzo-Splitter hinzufügen – das Volumen der Splitter sollte fast so groß sein wie das flüssige Pulvervolumen. Das klingt erstmal viel, sorgt aber dafür, dass man zuverlässig ein schönes Terrazzo-Ergebnis erzielt.

5

Mit dem Rührbesen alles gut durchmengen, sodass sich die Grundmasse gut um die Terrazzo-Splitter verteilt. Diese Schritte sollten alle nicht zu lange dauern, da die Masse schnell antrocknet! Zügig arbeiten.

6

Die Gießmasse in die Form geben und erstmal den runden Teil, wo die Kerze reinkommt befüllen, direkt mit dem Spatel in die Rillen gehen und die Terrazzo-Splitter andrücken, danach den Rest der Form mit der Gießmasse füllen.

7

Mit den Fingern vorsichtig die Form anheben und seitlich abklopfen, damit die Luftbläschen rausgehen und die Masse glatt in der Form liegt.

8

Mit einem Spatel nochmal zusätzlich die Terrazzo-Splitter runterdrücken.

9

Mindestens 30 Minuten trocknen lassen (Herstellerangaben beachten).

10

Nach der Trockenzeit vorsichtig aus der Form lösen und nass abschleifen, wie im Grundlagenteil auf Seite 22 beschrieben.

11

Nach dem Schleifprozess den Kerzenständer zum Trocknen so hinlegen, dass von allen Seiten Luft rankommt (Heizung, Gitter o. Ä.) und 24 Stunden trocknen lassen.

12

Wenn der Kerzenständer getrocknet ist, kann er mit Klarlack bestrichen werden, damit er versiegelt ist und ggf. Wachsreste einfacher abgehen.

# Teelichthalter

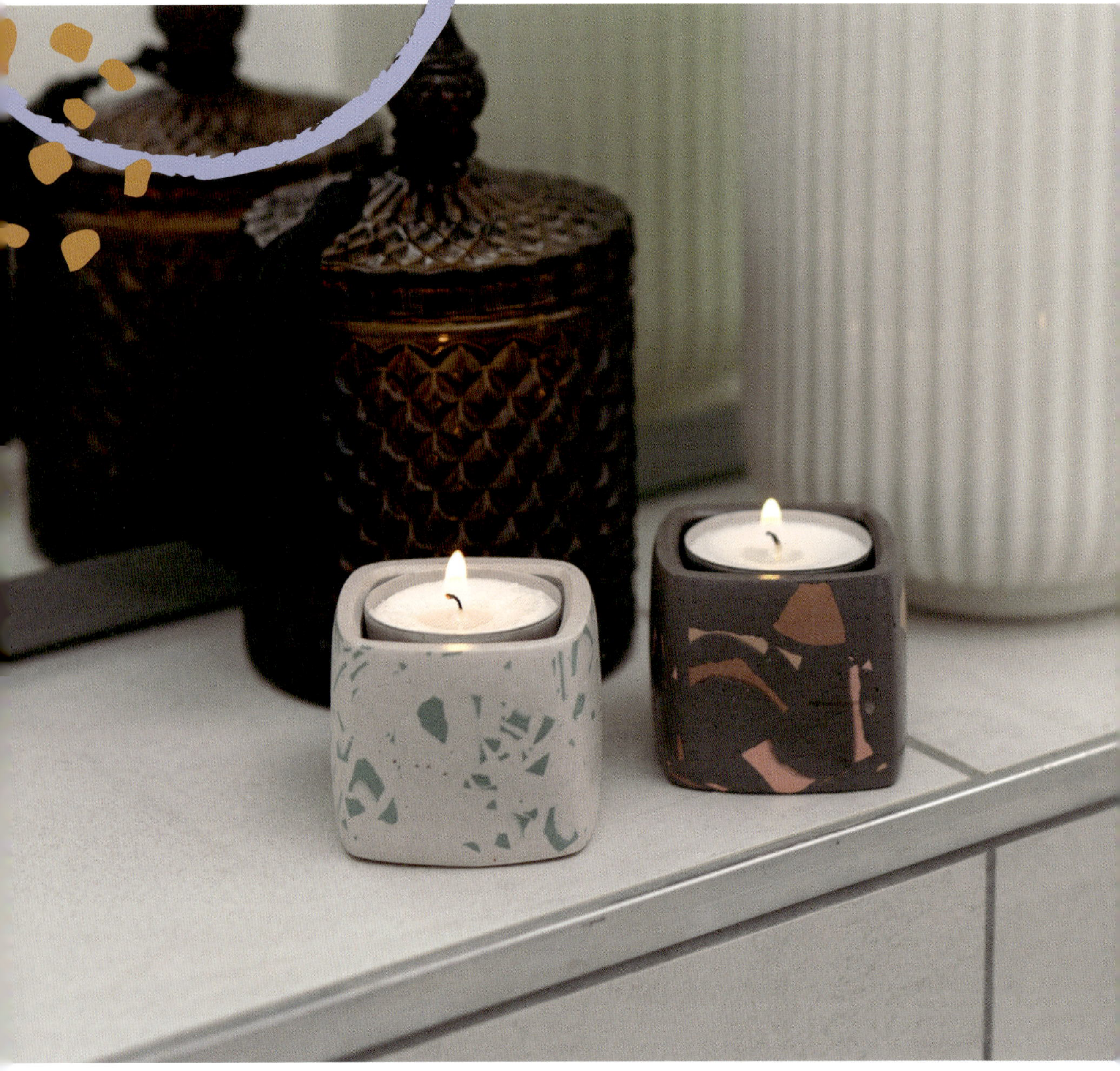

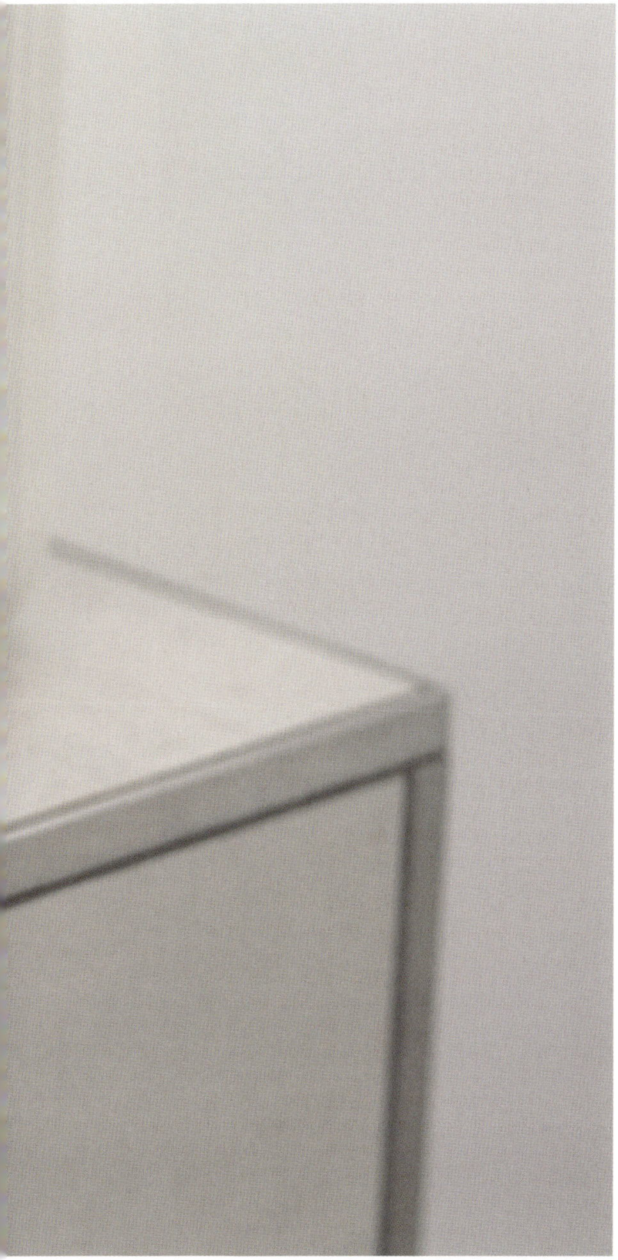

### Schwierigkeitsgrad

## Material

- vorgefertigte Terrazzo-Splitter
- Gießpulver + ggf. Pigmentpulver zum Einfärben
- Digitalwaage
- Wasser
- Gipsbecher/Gefäß zum Anrühren der Grundmasse
- Rührbesen
- Löffel
- Holzspatel
- Silikonform für Teelichter (z. B. von Etsy)
- Klarlack & Pinsel

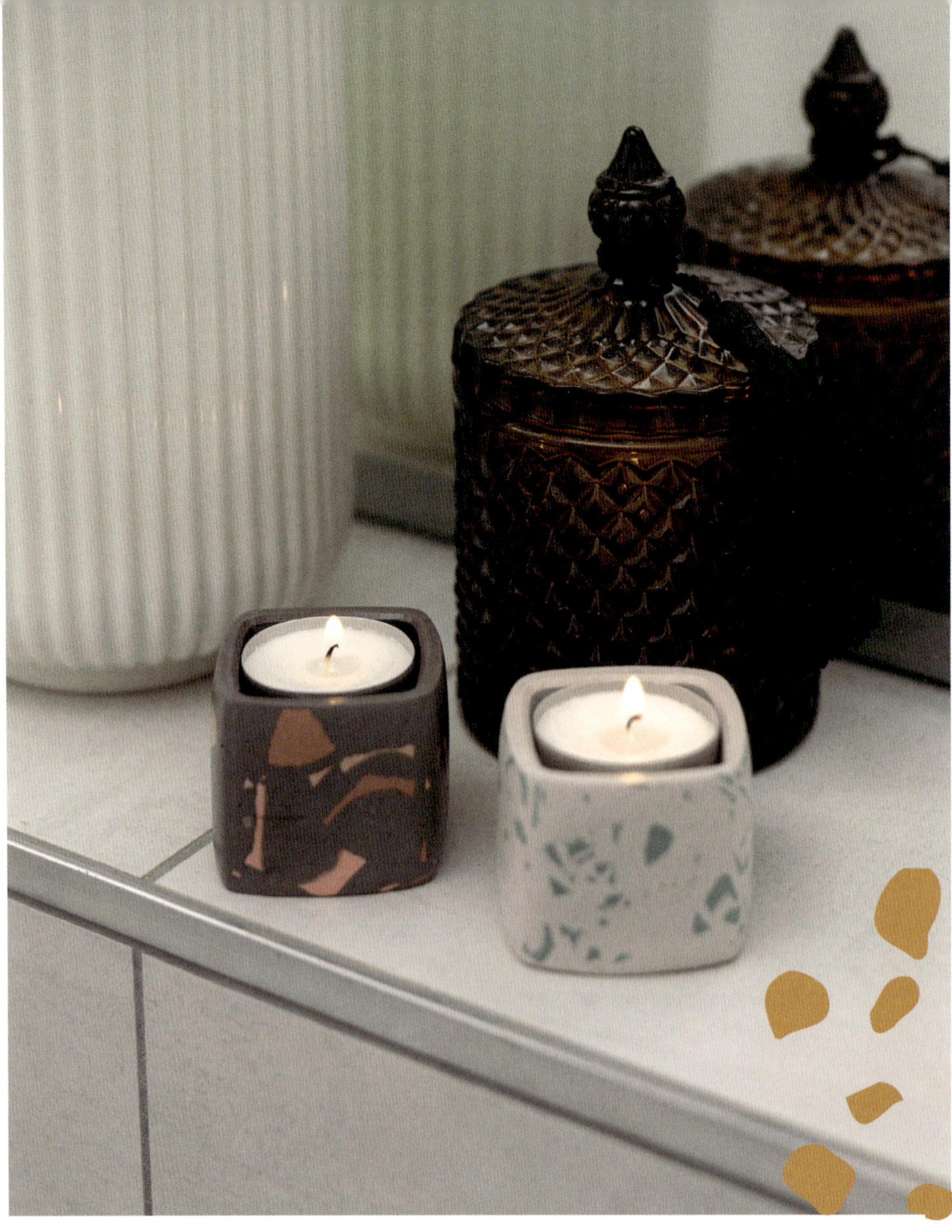

1

Die Terrazzo-Splitter herstellen, wie im Grundlagenteil auf Seite 14 beschrieben. Anschließend in kleine Stücke brechen.

2

Grundmasse abwiegen ggf. auch einfärben und Wasser hinzugeben, wie im Grundlagenteil auf Seite 18 beschrieben.

## 3

Mit einem Rührbesen oder Löffel vermengen, bis alle Klümpchen raus sind, wenn nötig, nochmal vorsichtig Wasser nachschütten, bis das Gießpulver eine cremig-flüssige Konsistenz hat, die sich gut verteilen lässt (Herstellerangaben beachten).

## 4

Terrazzo-Splitter hinzufügen – das Volumen der Splitter sollte fast so groß sein wie das flüssige Pulvervolumen. Das klingt erstmal viel, sorgt aber dafür, dass man zuverlässig ein schönes Terrazzo-Ergebnis erzielt.

## 5

Mit dem Rührbesen alles gut durchmengen, sodass sich die Grundmasse gut um die Terrazzo-Splitter verteilt. Diese Schritte sollten alle nicht zu lange dauern, da die Masse schnell antrocknet! Zügig arbeiten.

## 6

Die Gießmasse in die Form geben und bis zum Rand befüllen.

## 7

Mit einem Spatel nochmal zusätzlich die Terrazzo-Splitter an die Außenseite drücken.

## 8

Mit den Fingern vorsichtig die Form anheben und seitlich abklopfen, damit die Luftbläschen rausgehen und die Masse glatt in der Form liegt.

## 9

Mindestens 30 Minuten trocknen lassen (Herstellerangaben beachten).

## 10

Nach der Trockenzeit vorsichtig aus der Form lösen und nass abschleifen, wie im Grundlagenteil auf Seite 22 beschrieben.

## 11

Nach dem Schleifprozess den Teelichthalter zum Trocknen so hinstellen, dass von allen Seiten Luft rankommt (Heizung, Gitter o. Ä.) und 24 Stunden trocknen lassen.

## 12

Wenn der Teelichthalter getrocknet ist, kann er mit Klarlack bestrichen werden.

# Kleine & große Blumenvasen

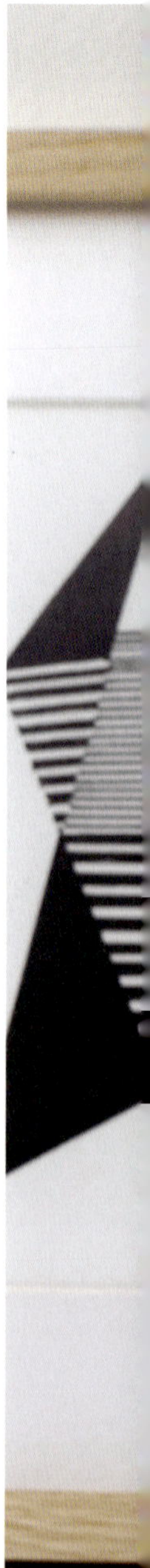

Schwierigkeitsgrad

## Material

- vorgefertigte Terrazzo-Splitter
- Gießpulver + ggf. Pigmentpulver zum Einfärben
- Digitalwaage
- Wasser
- Gipsbecher/Gefäß zum Anrühren der Grundmasse
- Rührbesen
- Löffel
- Holzspatel
- Silikonform für Vasen (z. B. von Etsy)
- Klarlack & Pinsel

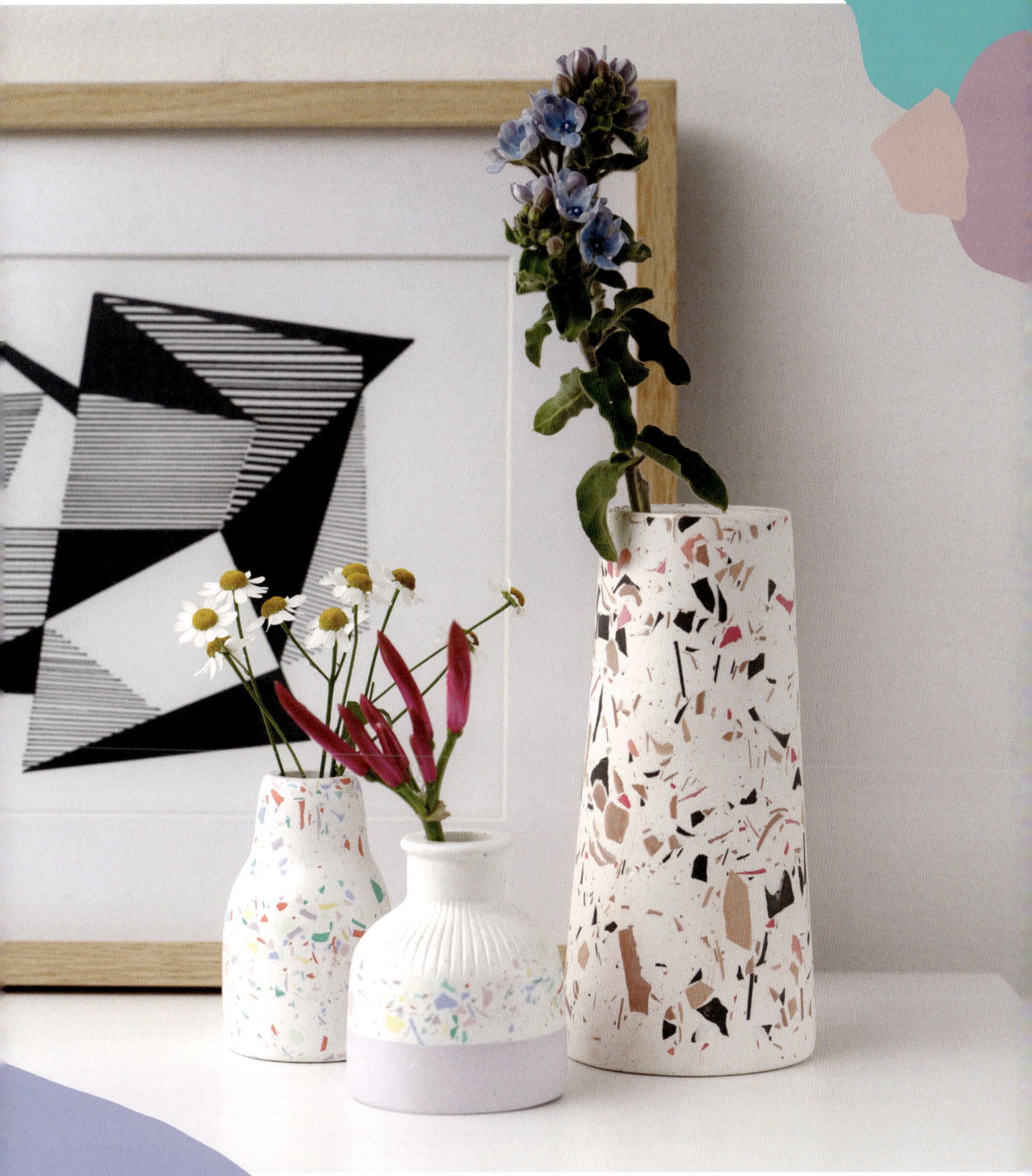

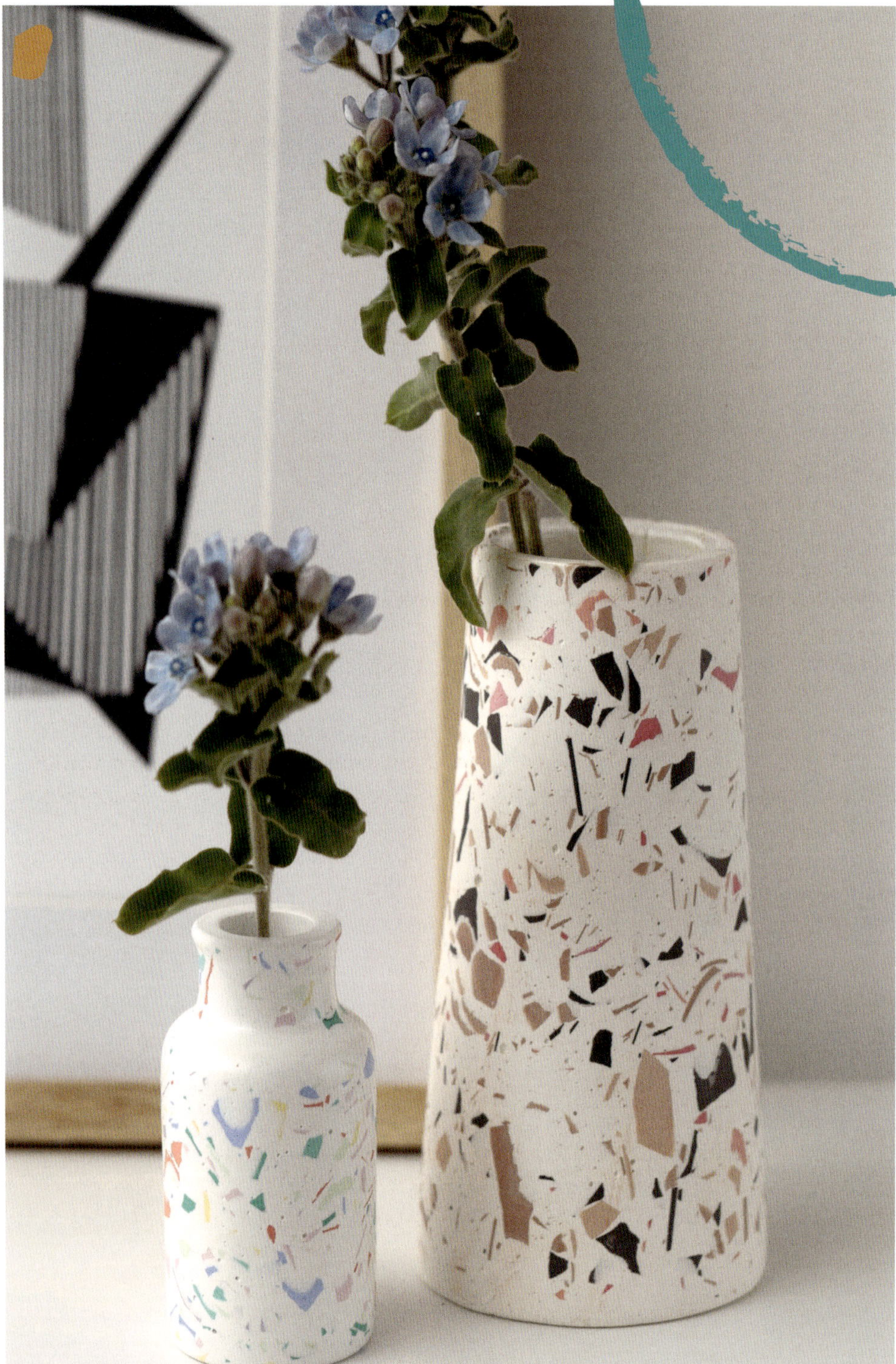

1

Die Terrazzo-Splitter herstellen, wie im Grundlagenteil auf Seite 14 beschrieben.

2

Grundmasse abwiegen, ggf. auch einfärben und Wasser hinzugeben, wie im Grundlagenteil auf Seite 18 beschrieben.

3

Mit einem Rührbesen oder Löffel vermengen, bis alle Klümpchen raus sind, wenn nötig, nochmal vorsichtig Wasser nachschütten, bis das Gießpulver eine cremig-flüssige Konsistenz hat, die sich gut verteilen lässt (Herstellerangaben beachten).

4

Terrazzo-Splitter hinzufügen – das Volumen der Splitter sollte fast so groß sein wie das flüssige Pulvervolumen. Das klingt erstmal viel, sorgt aber dafür, dass man zuverlässig ein schönes Terrazzo-Ergebnis erzielt.

5

Mit dem Rührbesen alles gut durchmengen, sodass sich die Grundmasse gut um die Terrazzo-Splitter verteilt. Diese Schritte sollten alle nicht zu lange dauern, da die Masse schnell antrocknet! Zügig arbeiten.

6

Die Gießmasse in die Form geben und bis zum Rand befüllen.

7

Mit den Fingern vorsichtig die Form anheben und seitlich abklopfen, damit die Luftbläschen rausgehen und die Masse glatt in der Form liegt.

8

Mindestens 45 Minuten trocknen lassen (Herstellerangaben beachten). Da die Vasen ggf. dickere Innenwände haben, ist die Trockenzeit auch etwas länger.

9

Nach der Trockenzeit vorsichtig aus der Form lösen und nass abschleifen, wie im Grundlagenteil auf Seite 22 beschrieben. Nach dem Schleifprozess die Vase zum Trocknen so hinlegen, dass von allen Seiten Luft rankommt (Heizung, Gitter o. Ä.) und 48 Stunden trocknen lassen.

10

Wenn die Vase getrocknet ist, muss sie mit Klarlack bestrichen werden. Es ist wichtig bei den Vasen, dass diese von innen und außen mit Klarlack bestrichen werden, damit anschließend Wasser für Blumen eingefüllt werden kann. Der Klarlack muss wasserundurchlässig sein.

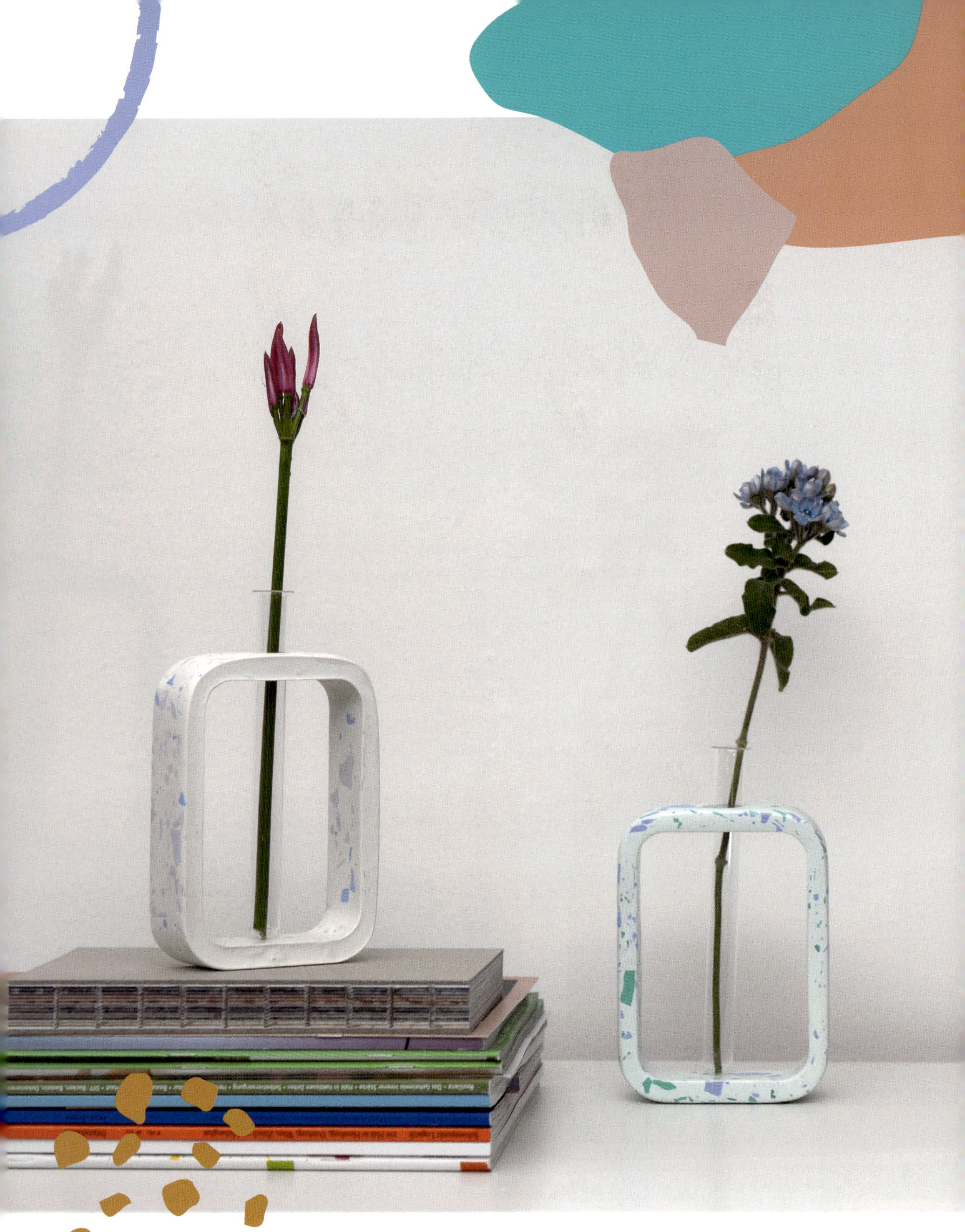

# Vase mit Reagenzglas

**Schwierigkeitsgrad**

## Material

- vorgefertigte Terrazzo-Splitter
- Gießpulver + ggf. Pigmentpulver zum Einfärben
- Digitalwaage
- Wasser
- Gipsbecher/Gefäß zum Anrühren der Grundmasse
- Rührbesen
- Löffel
- Holzspatel
- Silikonform für Vasen (z. B. von Etsy)
- Klarlack & Pinsel
- Reagenzglas

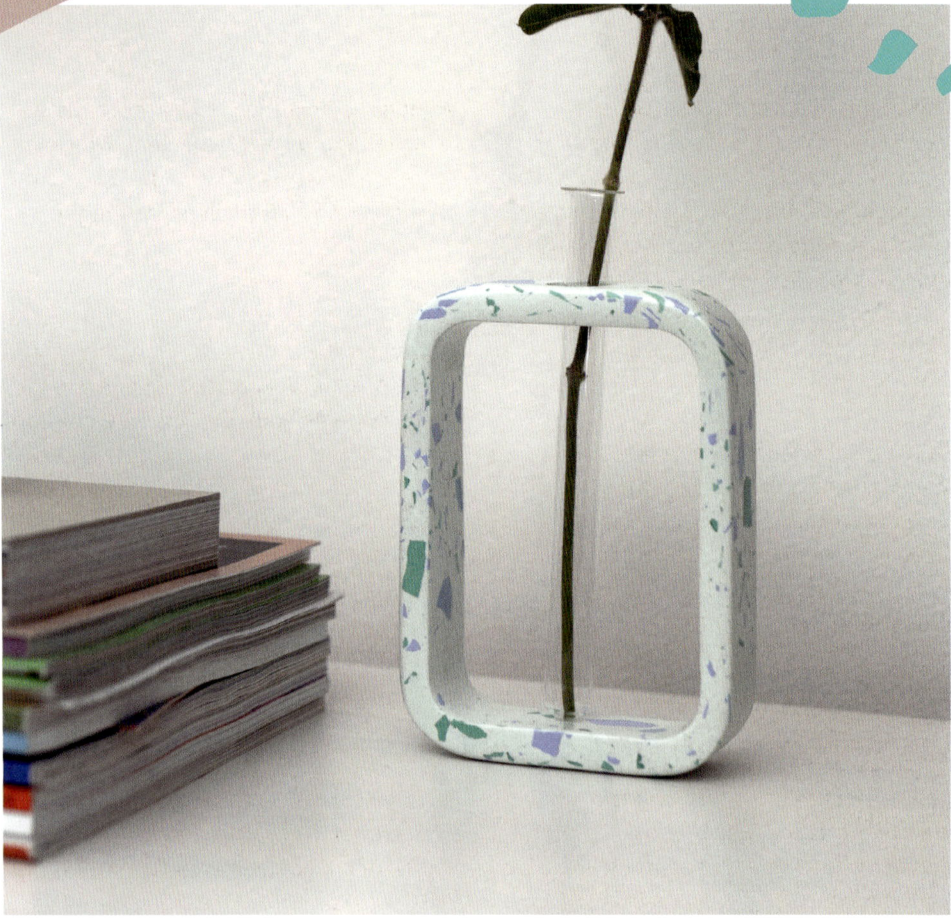

1

Die Terrazzo-Splitter herstellen, wie im Grundlagenteil auf Seite 14 beschrieben.

2

Grundmasse abwiegen, ggf. auch einfärben und Wasser hinzugeben, wie im Grundlagenteil auf Seite 18 beschrieben.

## 3

Mit einem Rührbesen oder Löffel vermengen, bis alle Klümpchen raus sind, wenn nötig, nochmal vorsichtig Wasser nachschütten, bis das Gießpulver eine cremig-flüssige Konsistenz hat, die sich gut verteilen lässt (Herstellerangaben beachten).

## 4

Terrazzo-Splitter hinzufügen – das Volumen der Splitter sollte fast so groß sein wie das flüssige Pulvervolumen. Das klingt erstmal viel, sorgt aber dafür, dass man zuverlässig ein schönes Terrazzo-Ergebnis erzielt.

## 5

Mit dem Rührbesen alles gut durchmengen, sodass sich die Grundmasse gut um die Terrazzo-Splitter verteilt. Diese Schritte sollten alle nicht zu lange dauern, da die Masse schnell antrocknet! Zügig arbeiten.

## 6

Die Gießmasse in die Form geben und bis zum Rand befüllen.

## 7

Mit den Fingern vorsichtig die Form anheben und seitlich abklopfen, damit die Luftbläschen rausgehen und die Masse glatt in der Form liegt.

## 8

Mindestens 45 Minuten trocknen lassen (Herstellerangaben beachten). Da die Vasen ggf. dickere Innenwände haben, ist die Trockenzeit auch etwas länger.

## 9

Nach der Trockenzeit vorsichtig aus der Form lösen und nass abschleifen, wie im Grundlagenteil auf Seite 22 beschrieben.

## 10

Nach dem Schleifprozess die Vase zum Trocknen so hinlegen, dass von allen Seiten Luft rankommt (Heizung, Gitter o. Ä.) und 24 Stunden trocknen lassen.

## 11

Wenn die Vase getrocknet ist, kann sie mit Klarlack bestrichen werden. Wenn der Klarlack getrocknet ist, kann man das Reagenzglas hinzugeben.

# STYLISCHE TERRAZZO-PROJEKTE *für den Schreibtisch*

Da macht das Arbeiten gleich doppelt so viel Spaß, wenn sich das ein oder andere Terrazzo-Projekt auf dem Schreibtisch tummelt und zugleich auch noch so toll aussieht.

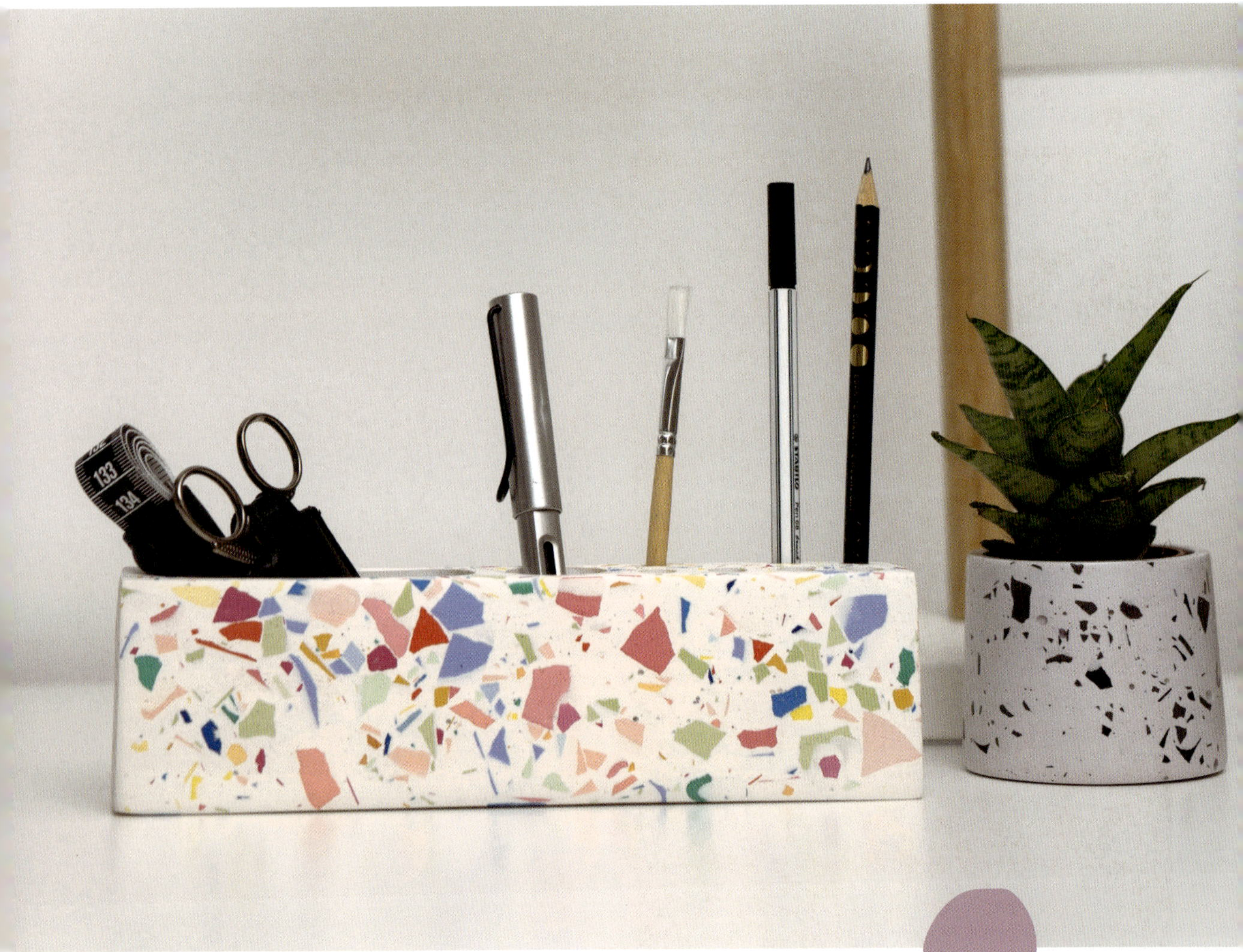

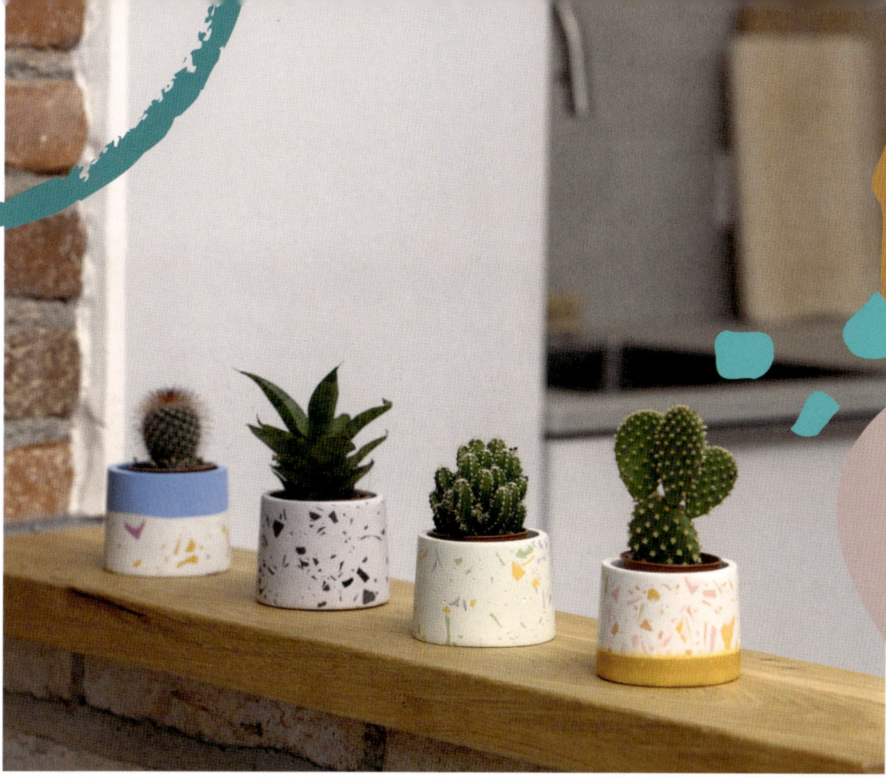

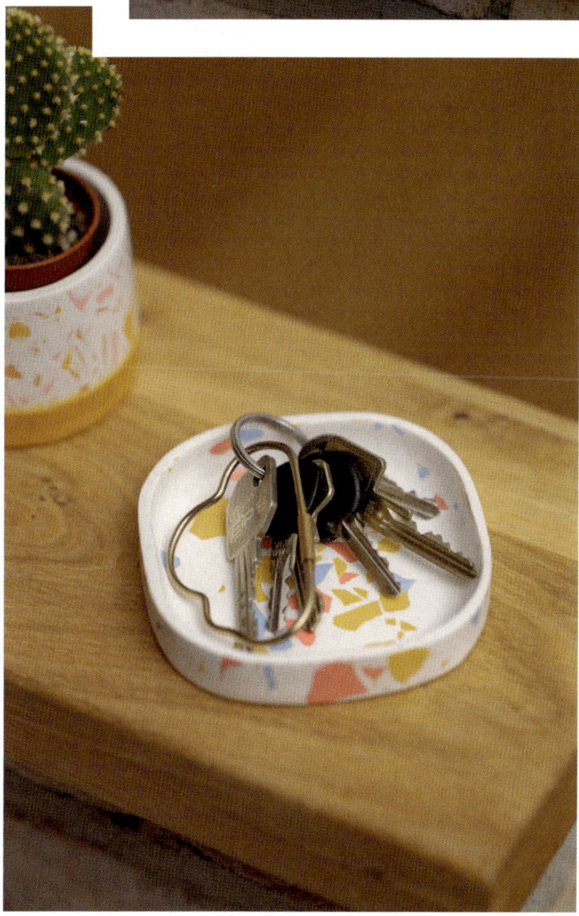

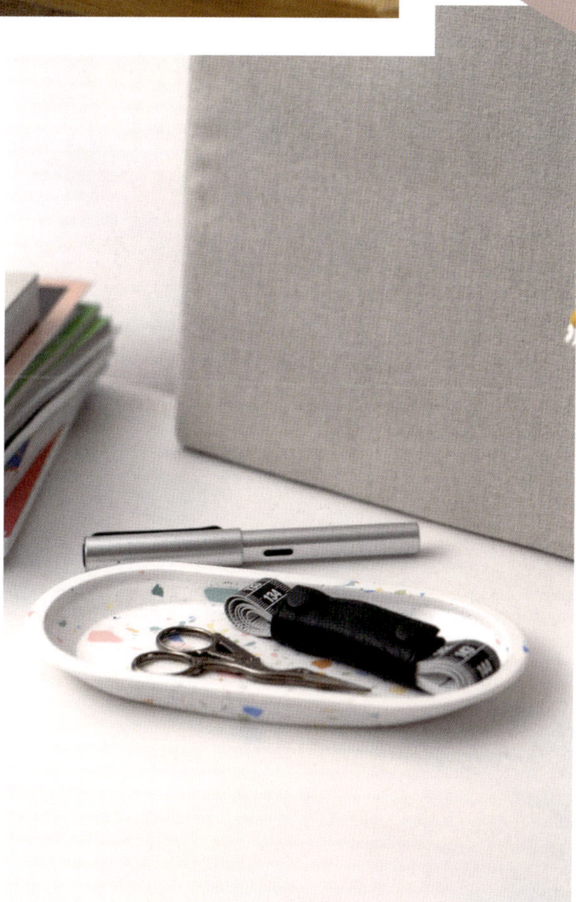

# Einfarbige und zweifarbige Stiftebecher / Midi-Blumentopf

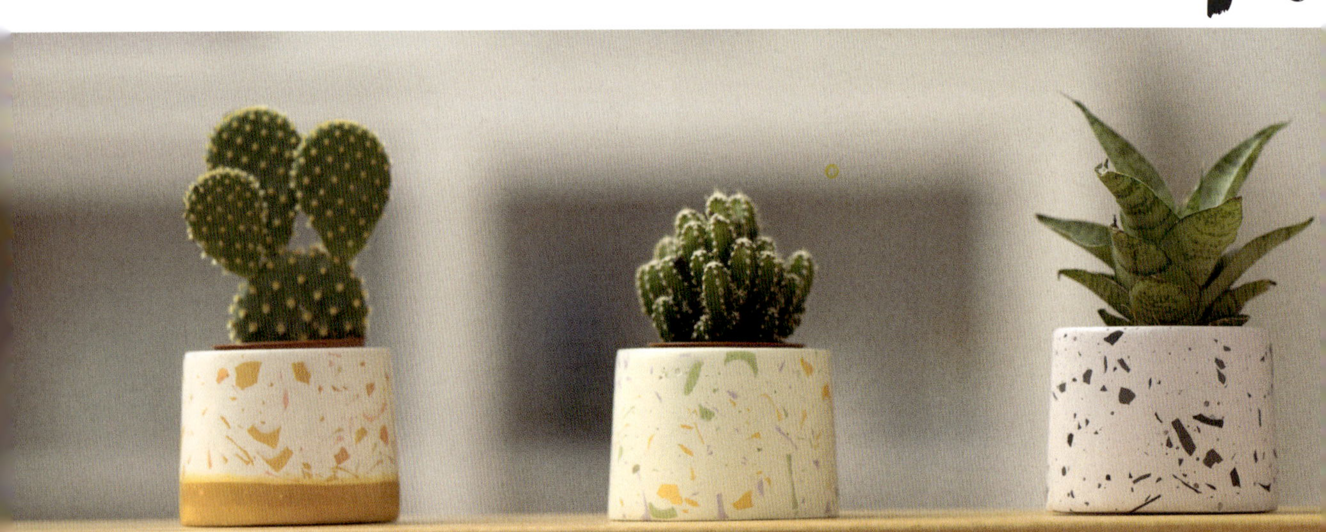

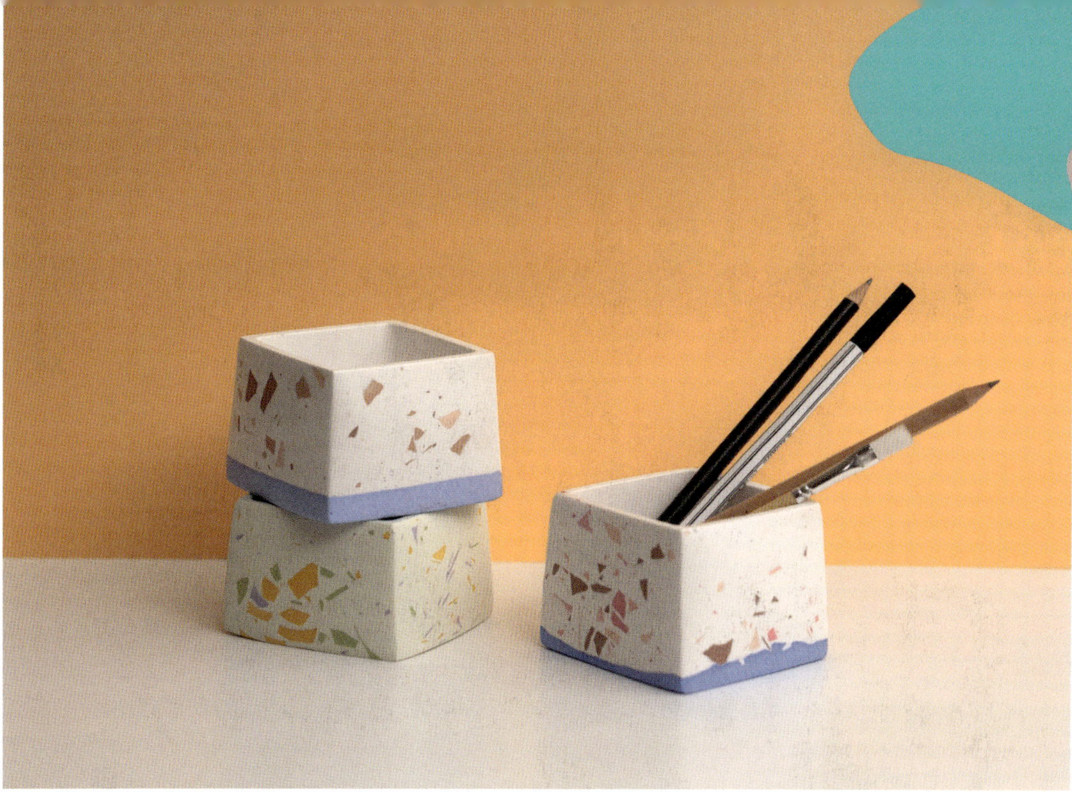

## Schwierigkeitsgrad

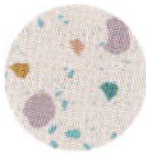

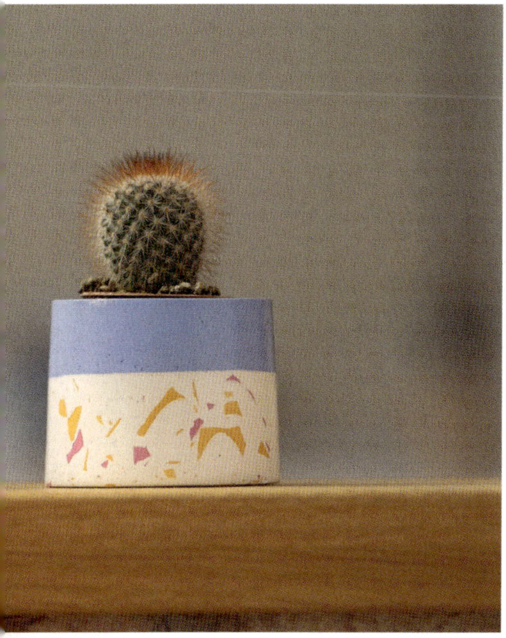

## Material

- vorgefertigte Terrazzo-Splitter
- Gießpulver + ggf. Pigmentpulver zum Einfärben
- Digitalwaage
- Wasser
- Gipsbecher/Gefäß zum Anrühren der Grundmasse
- Rührbesen
- Löffel
- Holzspatel
- Silikonform für Blumentöpfe (z. B. von Etsy)
- Klarlack & Pinsel

1

Die Terrazzo-Splitter herstellen, wie im Grundlagenteil auf Seite 14 beschrieben.

2

Grundmasse abwiegen, ggf. auch einfärben und Wasser hinzugeben, wie im Grundlagenteil auf Seite 18 beschrieben.

3

Mit einem Rührbesen oder Löffel vermengen, bis alle Klümpchen raus sind, wenn nötig, nochmal vorsichtig Wasser nachschütten, bis das Gießpulver eine cremig-flüssige Konsistenz hat, die sich gut verteilen lässt (Herstellerangaben beachten).

4

Terrazzo-Splitter hinzufügen – das Volumen der Splitter sollte fast so groß sein wie das flüssige Pulvervolumen. Das klingt erstmal viel, sorgt aber dafür, dass man zuverlässig ein schönes Terrazzo-Ergebnis erzielt.

5

Mit dem Rührbesen alles gut durchmengen, sodass sich die Grundmasse gut um die Terrazzo-Splitter verteilt. Diese Schritte sollten alle nicht zu lange dauern, da die Masse schnell antrocknet! Zügig arbeiten.

6

Die Gießmasse in die Form geben und nur ⅔ der Form befüllen.

7

Mit den Fingern vorsichtig die Form anheben und seitlich abklopfen, damit die Luftbläschen rausgehen und die Masse glatt in der Form liegt.

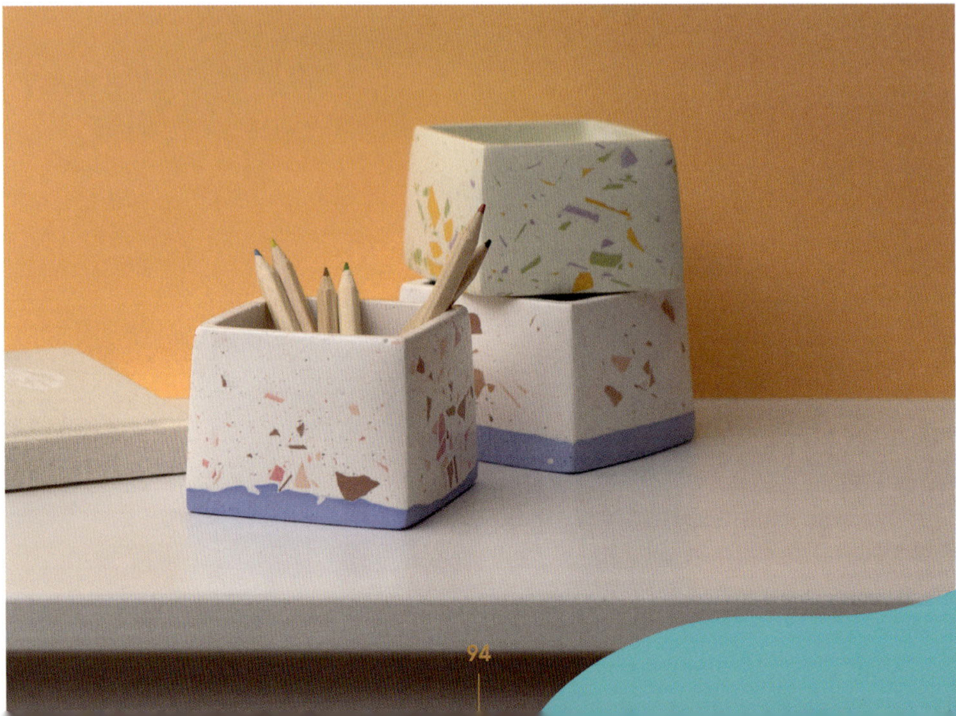

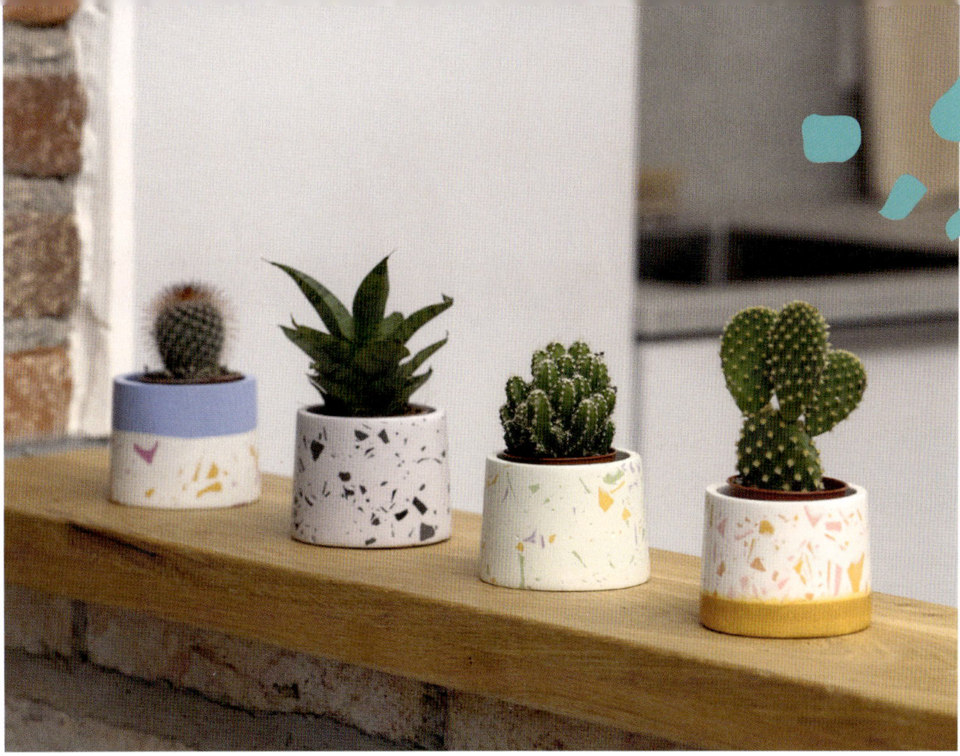

## 8

Mindestens 30 Minuten trocknen lassen (Herstellerangaben beachten).

## 9

Wieder Grundmasse abwiegen und mit Pigmenten einfärben, alles mit Wasser vermengen, bis eine cremig-flüssige Konsistenz entstanden ist, und auf die bereits getrocknete Masse gießen.

## 10

Den Blumentopf nochmal 30 Minuten trocknen lassen.

## 11

Nach der Trockenzeit vorsichtig aus der Form lösen und nass abschleifen, wie im Grundlagenteil auf Seite 22 beschrieben.

## 12

Nach dem Schleifprozess den Blumentopf zum Trocknen so hinstellen, dass von allen Seiten Luft rankommt (Heizung, Gitter o. Ä.) und 48 Stunden trocknen lassen.

## 13

Wenn der Blumentopf getrocknet ist, muss er mit Klarlack, der nicht wasserbasiert ist, bestrichen werden. Es ist bei Blumentöpfen wichtig, dass diese von innen und außen mit Klarlack bestrichen werden, damit anschließend Blumenerde eingefüllt und eine Pflanze eingepflanzt werden kann.

# Stiftehalter

Schwierigkeitsgrad

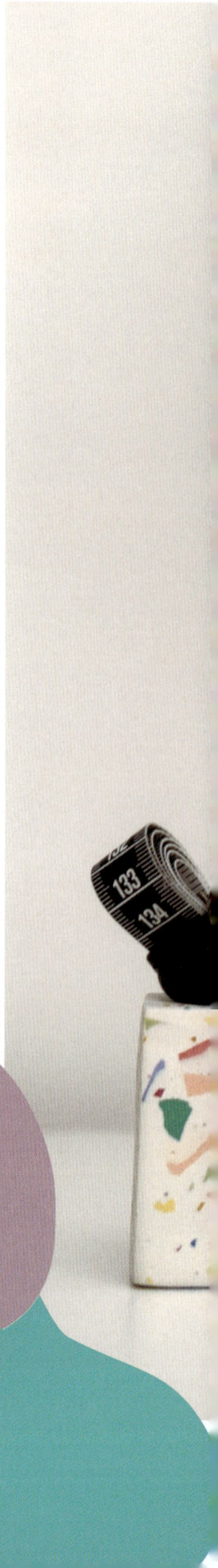

## Material

- vorgefertigte Terrazzo-Splitter
- Gießpulver + ggf. Pigmentpulver zum Einfärben
- Digitalwaage
- Wasser
- Gipsbecher/Gefäß zum Anrühren der Grundmasse
- Rührbesen
- Löffel
- Holzspatel
- Silikonform für Stiftehalter (z. B. von Etsy)
- Klarlack & Pinsel

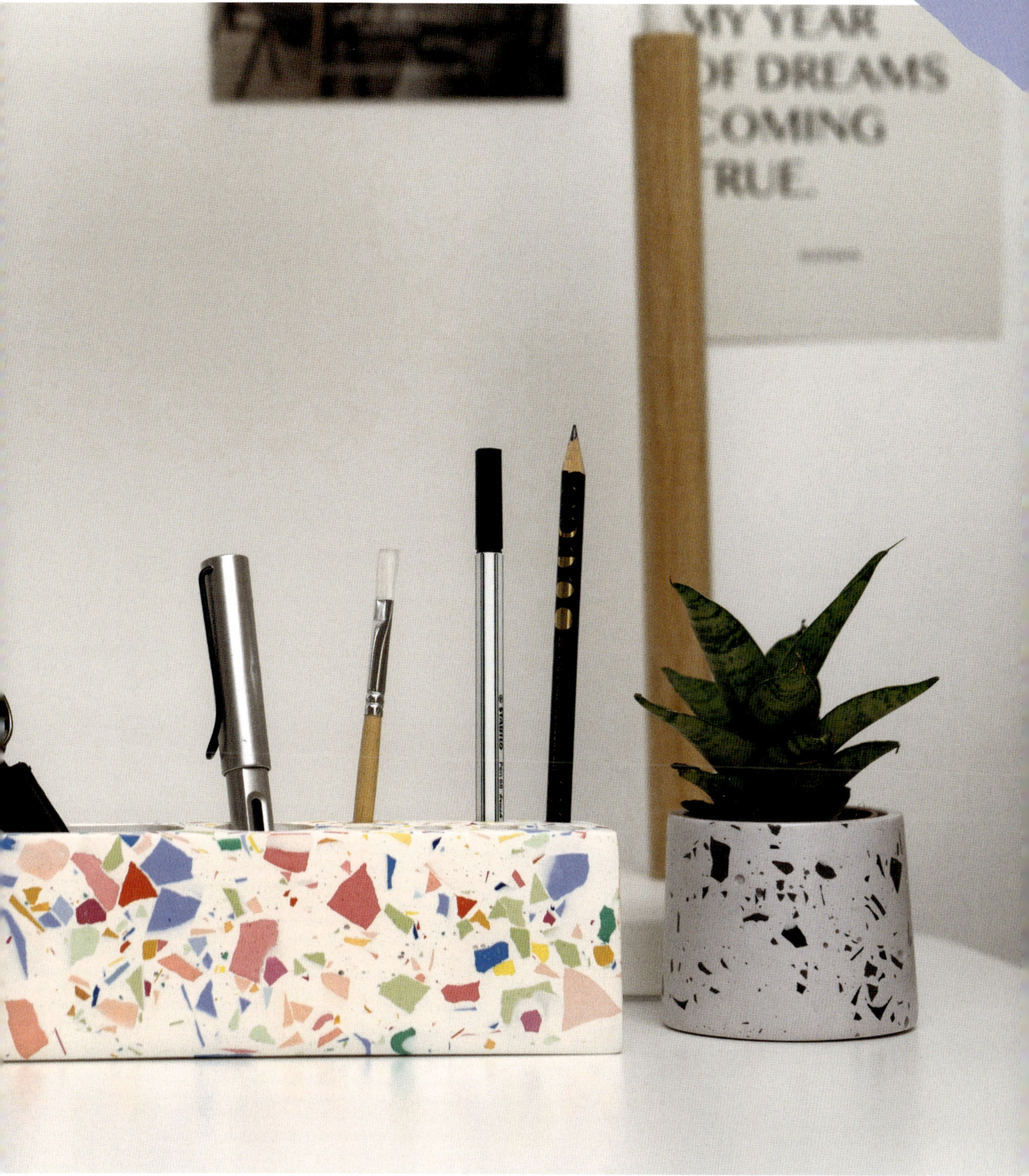
MY YEAR
OF DREAMS
COMING
TRUE.

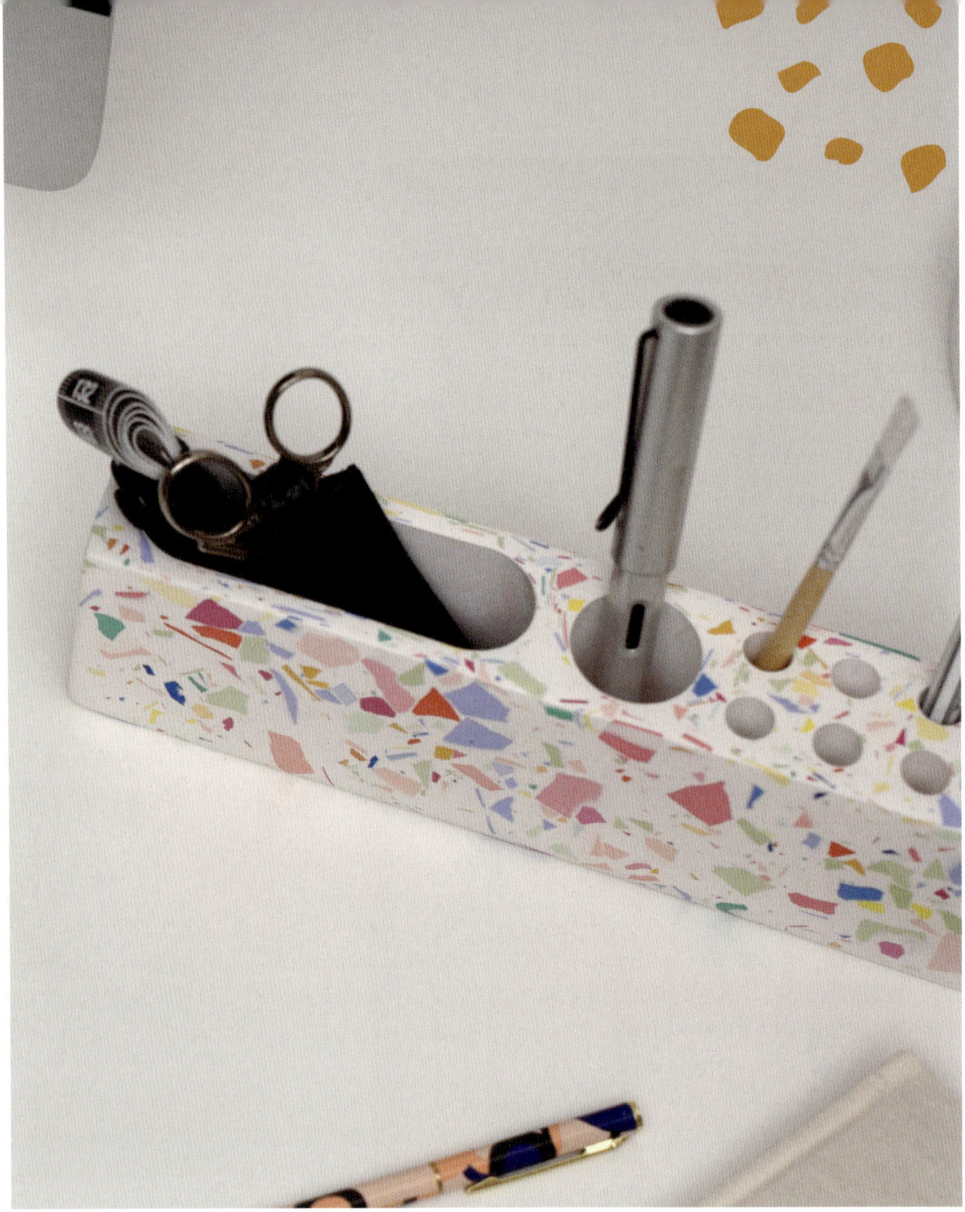

1

Die Terrazzo-Splitter herstellen, wie im Grundlagenteil auf Seite 14 beschrieben. Ich verwende hier eine bunte Restmischung aus vielen Farben.

2

Grundmasse für den Stifthalter abwiegen und Wasser hinzugeben, wie im Grundlagenteil auf Seite 18 beschrieben.

## 3

Mit einem Rührbesen oder Löffel vermengen, bis alle Klümpchen raus sind, wenn nötig, nochmal vorsichtig Wasser nachschütten, bis das Gießpulver eine cremig-flüssige Konsistenz hat, die sich gut verteilen lässt (Herstellerangaben beachten).

## 4

Terrazzo-Splitter hinzufügen – das Volumen der Splitter sollte fast so groß sein wie das flüssige Pulvervolumen. Das klingt erstmal viel, sorgt aber dafür, dass man zuverlässig ein schönes Terrazzo-Ergebnis erzielt.

## 5

Mit dem Rührbesen alles gut durchmengen, sodass sich die Grundmasse gut um die Terrazzo-Splitter verteilt. Diese Schritte sollten alle nicht zu lange dauern, da die Masse schnell antrocknet! Zügig arbeiten.

## 6

Die Gießmasse vorsichtig in die Form laufen lassen und darauf achten, dass die Masse gleichmäßig in allen Ecken verteilt ist Die Form bis zum oberen Rand befüllen.

## 7

Mit den Fingern vorsichtig die Form anheben und seitlich abklopfen, damit die Luftbläschen rausgehen und die Masse glatt in der Form liegt.

## 8

Mit einem Spatel nochmal zusätzlich die Terrazzo-Splitter an die Außenwand drücken.

## 9

Mindestens 45 Minuten trocknen lassen (Herstellerangaben beachten).

## 10

Nach der Trockenzeit vorsichtig aus der Form lösen und nass abschleifen, wie im Grundlagenteil auf Seite 22 beschrieben.

## 11

Nach dem Schleifprozess zum Trocknen so hinlegen, dass von allen Seiten Luft rankommt (Heizung, Gitter o. Ä.) und 48 Stunden trocknen lassen.

## 12

Wenn der Stiftehalter getrocknet ist, anschließend mit Klarlack bestreichen, damit er vor Schmutz und Staub geschützt ist und abgewischt werden kann.

# Kleine Schale mit hohem Rand

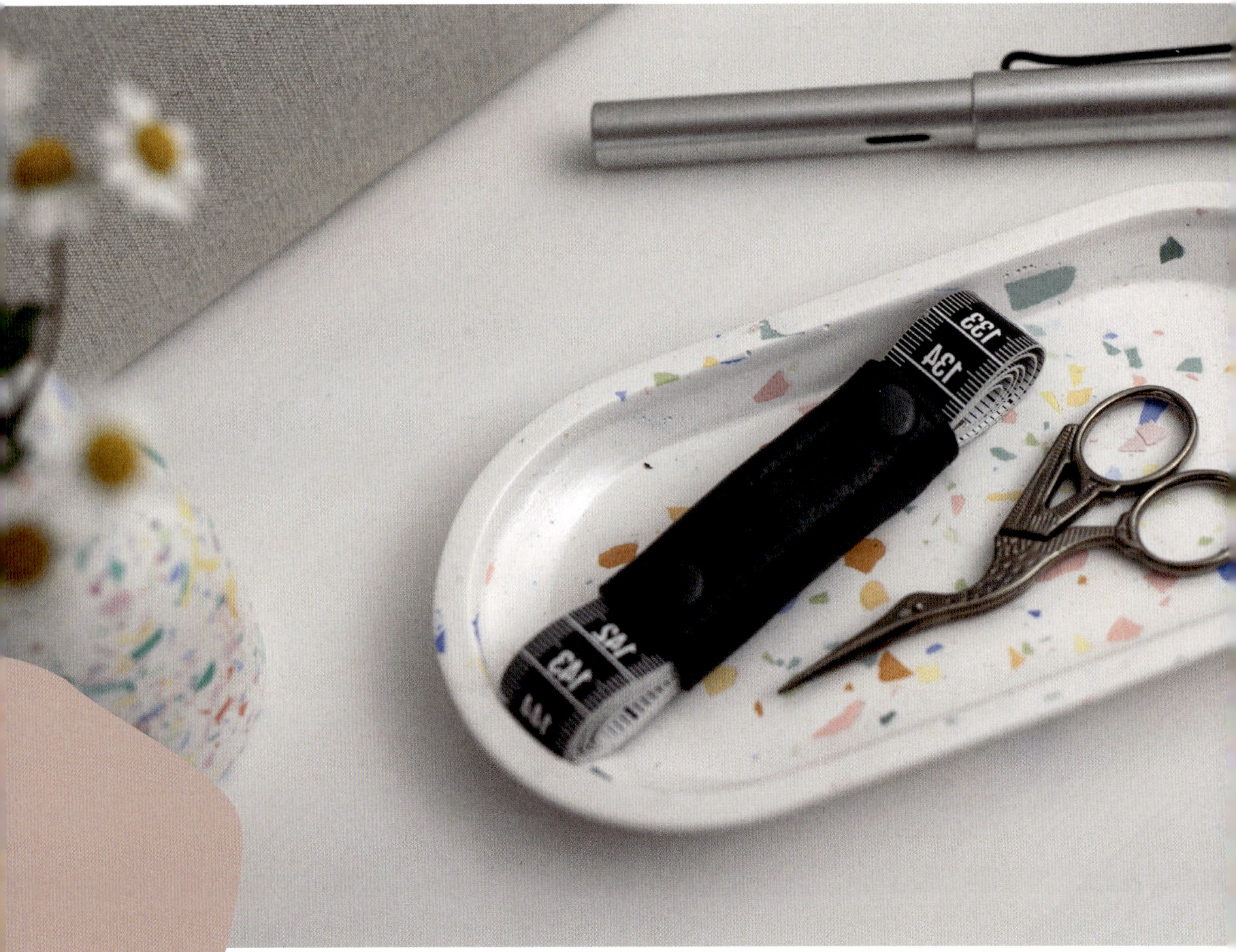

**Schwierigkeitsgrad**

## Material

- vorgefertigte Terrazzo-Splitter
- Gießpulver + ggf. Pigmentpulver zum Einfärben
- Digitalwaage
- Wasser
- Gipsbecher/Gefäß zum Anrühren der Grundmasse
- Rührbesen
- Löffel
- Holzspatel
- Silikonform für eine Schale (z. B. von Etsy)
- Klarlack & Pinsel

## 1

Die Terrazzo-Splitter herstellen, wie im Grundlagenteil auf Seite 14 beschrieben.

## 2

Grundmasse für die Schale abwiegen und Wasser hinzugeben, wie im Grundlagenteil auf Seite 18 beschrieben.

## 3

Mit einem Rührbesen oder Löffel gut vermengen, bis alle Klümpchen raus sind, wenn nötig, nochmal vorsichtig Wasser nachschütten (Herstellerangaben beachten). Da diese Gießform einen schmalen hohen Rand hat, sollte die Grundmasse etwas flüssiger als üblich sein, damit sie sich in der Form gut verteilen kann.

## 4

Terrazzo-Splitter hinzufügen – das Volumen der Splitter sollte fast so groß sein wie das flüssige Pulvervolumen. Das klingt erstmal viel, sorgt aber dafür, dass man zuverlässig ein schönes Terrazzo-Ergebnis erzielt.

## 5

Mit dem Rührbesen alles durchmengen, sodass sich die Grundmasse gut um die Terrazzo-Splitter verteilt. Diese Schritte sollten alle nicht zu lange dauern, da die Masse schnell antrocknet! Zügig arbeiten.

## 6

Etwas Gießmasse in die Form geben und die Masse erstmal im hohen Rand verteilen. Dafür mit einem Holzspatel in die Ecken gehen und die Terrazzo-Splitter + Gießmasse gleichmäßig einlaufen lassen.

## 7

Anschließend die restliche Form mit der Gießmasse befüllen.

## 8

Mit den Fingern vorsichtig die Form anheben und seitlich abklopfen, damit die Luftbläschen rausgehen und die Masse glatt in der Form liegt.

## 9

Mit einem Holzspatel nochmal zusätzlich die Terrazzo-Splitter runterdrücken.

## 10

Mindestens 30 Minuten trocknen lassen (Herstellerangaben beachten).

## 11

Nach der Trockenzeit vorsichtig aus der Form lösen und nass abschleifen, wie im Grundlagenteil auf Seite 22 beschrieben. Beim Nassschleifen unbedingt darauf achten, dass man an den dünnen Stellen nur sehr vorsichtig und wenig abschleift, da diese sonst brechen.

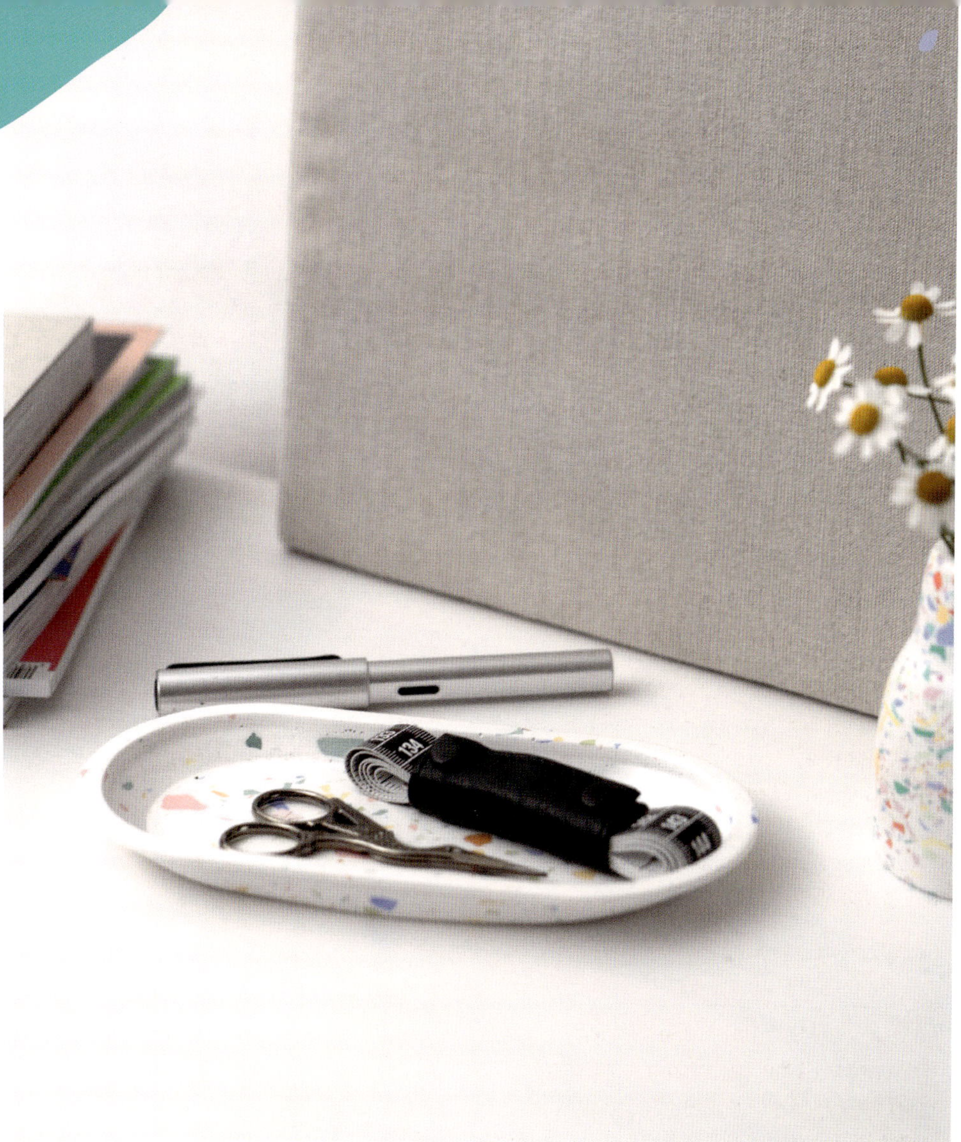

## 12

Nach dem Schleifprozess die Schale zum Trocknen so hinlegen, dass von allen Seiten Luft rankommt (Heizung, Gitter o. Ä.) und 24 Stunden trocknen lassen.

## 13

Wenn die Schale getrocknet ist, mit Klarlack bestreichen, damit sie vor Flüssigkeiten geschützt ist und abgewischt werden kann.

**Info:**

Gießobjekte mit dünnen Rändern haben eine hohe Bruchgefahr, sowohl beim Herauslösen aus der Form, als auch beim Schleifen, da sie einfach nicht so robust sind. Ein solches Objekt ist nicht als erstes Terrazzo-Teil zu empfehlen, sondern erfordert ein bisschen Übung.

# Kleine eckige Schale

**Schwierigkeitsgrad**

## Material

- vorgefertigte Terrazzo-Splitter
- Gießpulver + ggf. Pigmentpulver zum Einfärben
- Digitalwaage
- Wasser
- Gipsbecher/Gefäß zum Anrühren der Grundmasse
- Rührbesen
- Löffel
- Holzspatel
- Silikon- oder Kunststoffformen für kleine eckige Schalen (z. B. von Etsy)
- Klarlack & Pinsel

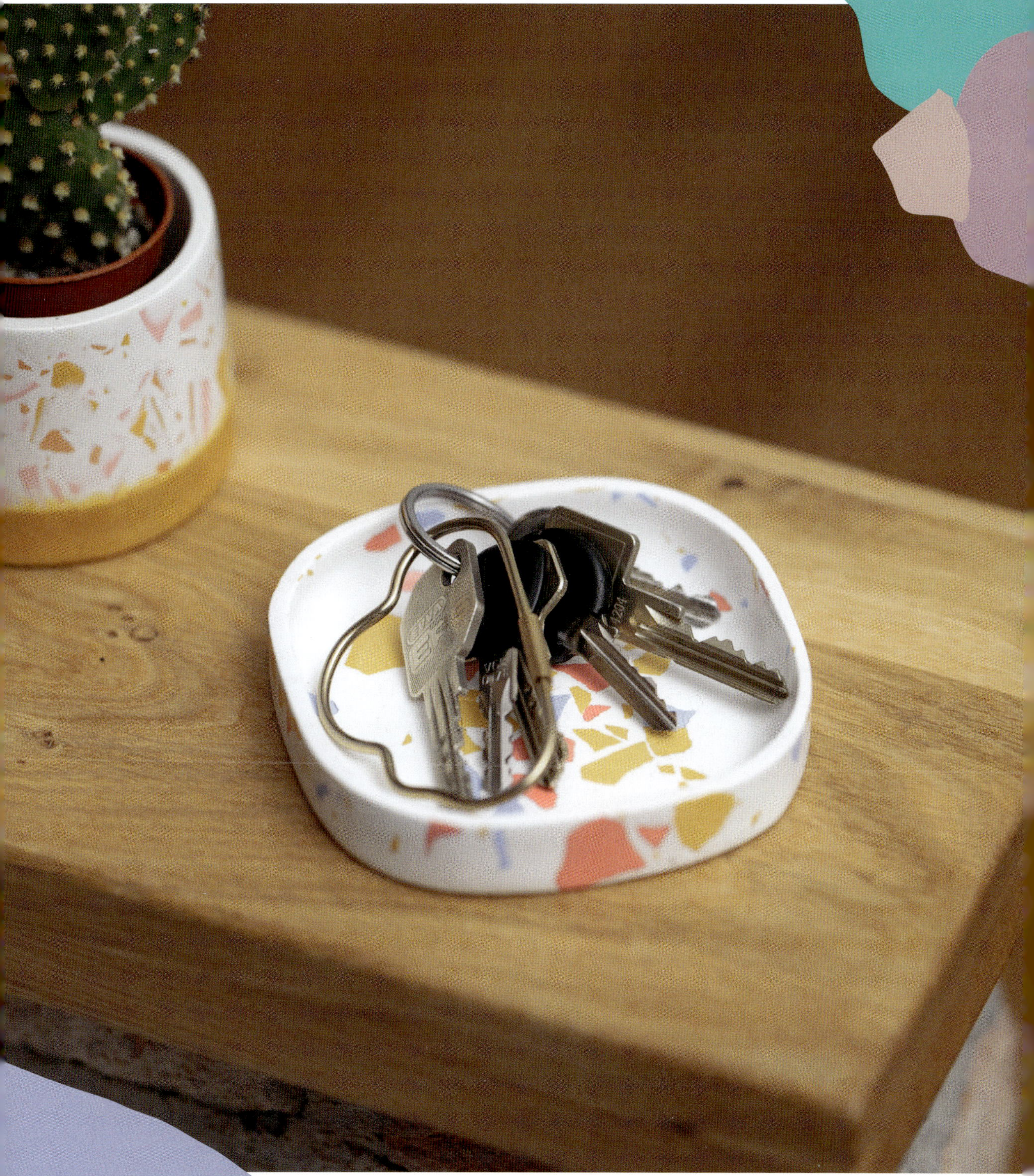

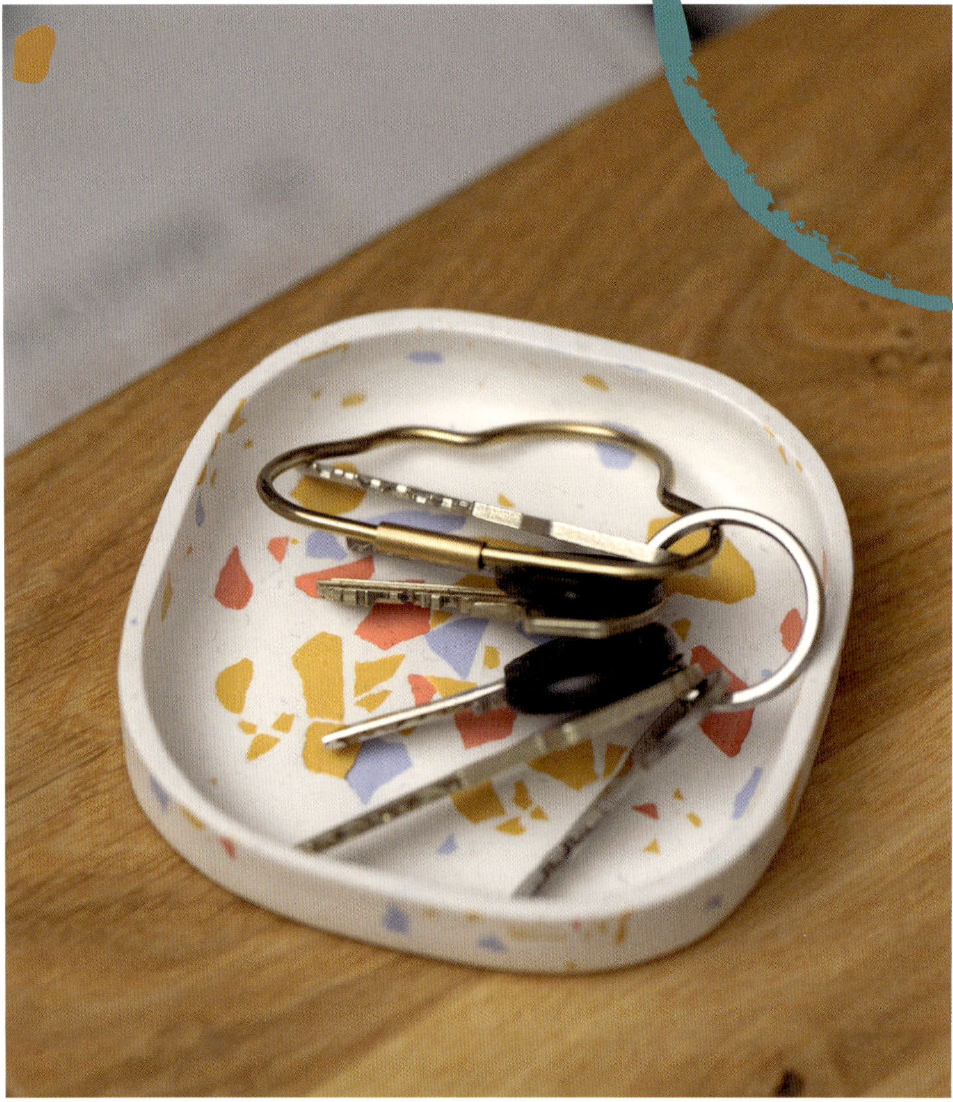

1

Die Terrazzo-Splitter herstellen, wie im Grundlagenteil auf Seite 14 beschrieben.

2

Grundmasse für die Schale abwiegen und Wasser hinzugeben, wie im Grundlagenteil auf Seite 18 beschrieben.

## 3

Mit einem Rührbesen oder Löffel vermengen, bis alle Klümpchen raus sind, wenn nötig, nochmal vorsichtig Wasser nachschütten, bis das Gießpulver eine cremig-flüssige Konsistenz hat, die sich gut verteilen lässt (Herstellerangaben beachten).

## 4

Terrazzo-Splitter hinzufügen – das Volumen der Splitter sollte fast so groß sein wie das flüssige Pulvervolumen. Das klingt erstmal viel, sorgt aber dafür, dass man zuverlässig ein schönes Terrazzo-Ergebnis erzielt.

## 5

Mit dem Rührbesen alles gut durchmengen, sodass sich die Grundmasse gut um die Terrazzo-Splitter verteilt. Diese Schritte sollten alle nicht zu lange dauern, da die Masse schnell antrocknet! Zügig arbeiten.

## 6

Die Gießmasse in die Form geben und bis knapp zum Rand befüllen.

## 7

Mit einem Holzspatel in die Rillen und Ecken gehen, damit sich die Masse gleichmäßig verteilen kann und keine Luftlöcher entstehen.

## 8

Mit den Fingern vorsichtig die Form anheben und seitlich abklopfen, damit die Luftbläschen rausgehen und die Masse glatt in der Form liegt.

## 9

Mit einem Spatel nochmal zusätzlich die Terrazzo-Splitter runterdrücken.

## 10

Mindestens 30 Minuten trocknen lassen (Herstellerangaben beachten).

## 11

Nach der Trockenzeit vorsichtig aus der Form lösen und nass abschleifen, wie im Grundlagenteil auf Seite 22 beschrieben.

## 12

Nach dem Schleifprozess die Schale zum Trocknen so hinlegen, dass von allen Seiten Luft rankommt (Heizung, Gitter o. Ä.) und 24 Stunden trocknen lassen.

## 13

Wenn die Schale getrocknet ist, muss sie mit Klarlack bestrichen werden, damit sie versiegelt ist und abgewischt werden kann. Spülmaschinenfest ist die Schale dennoch nicht!

# ZAUBERHAFTE WEIHNACHTSDEKO *im Terrazzo-Look*

Selber behalten ist schon was Feines, aber Verschenken ist noch viel toller! Mit diesen schönen Terrazzo-Objekten zaubert man bei jedem Beschenkten leuchtende Augen.

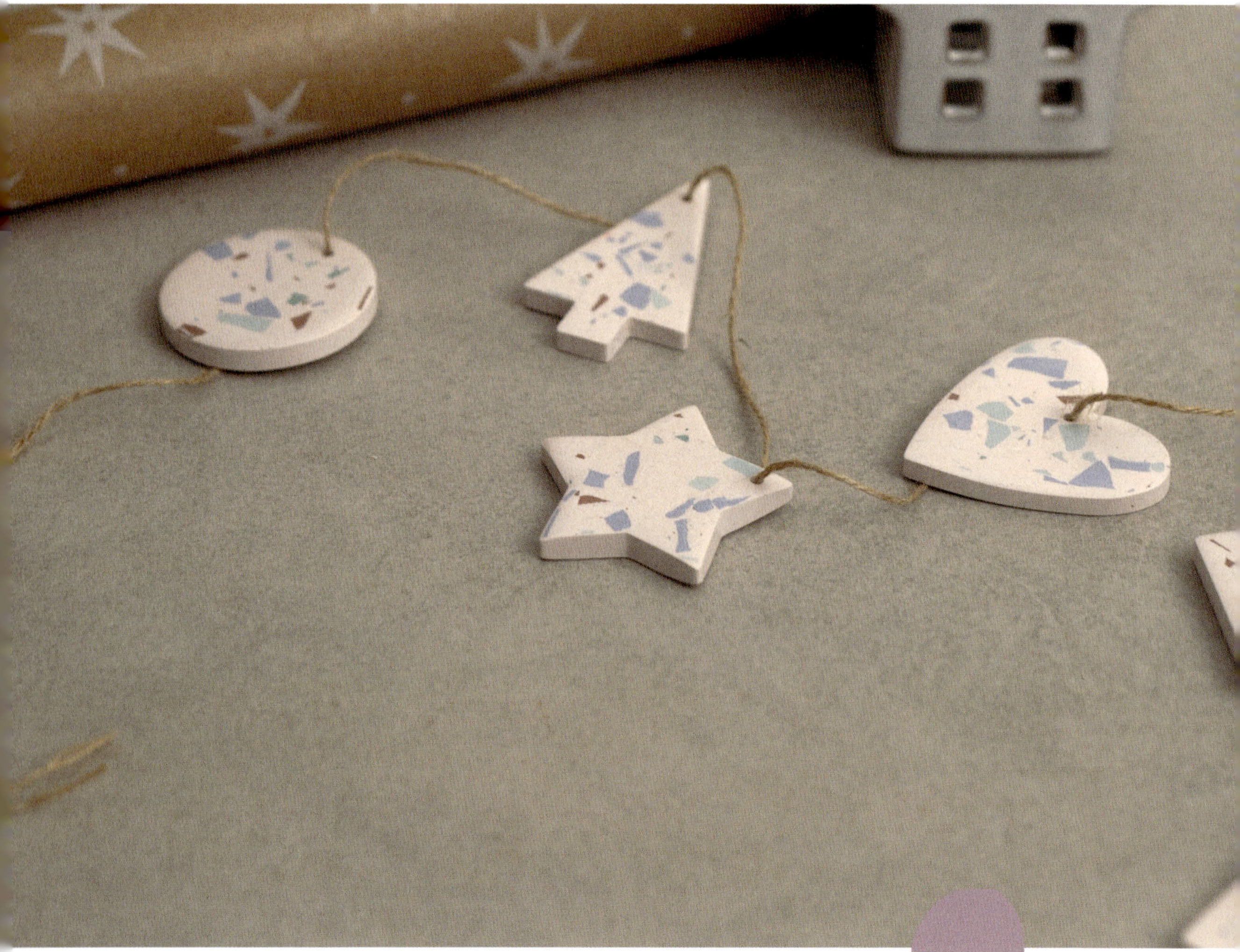

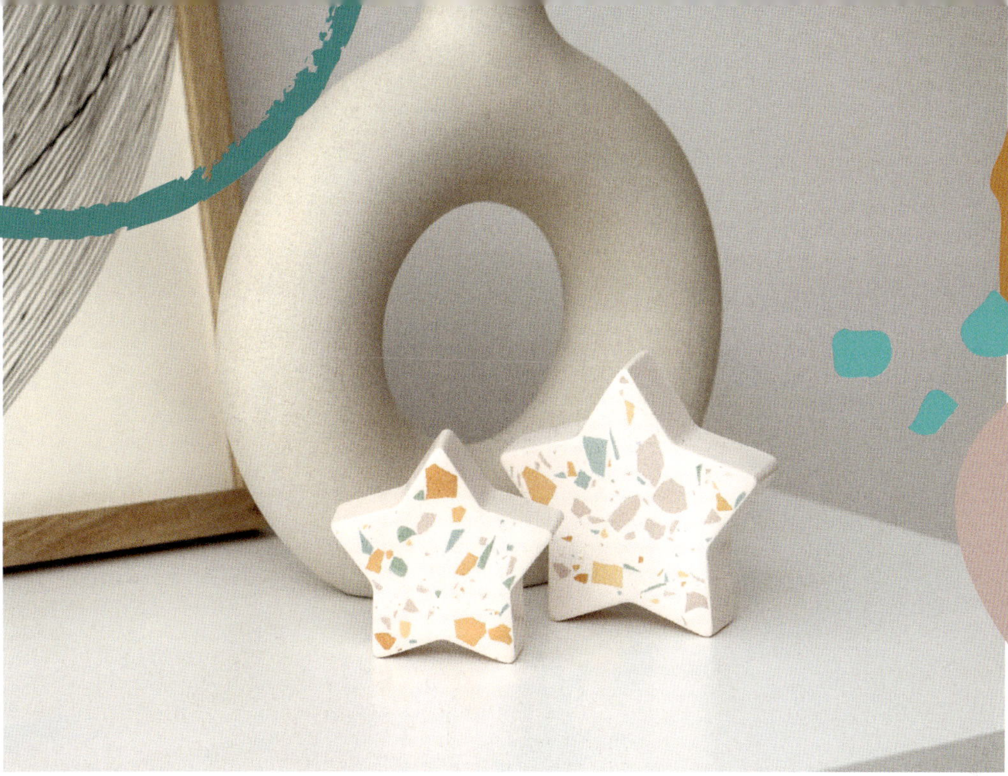

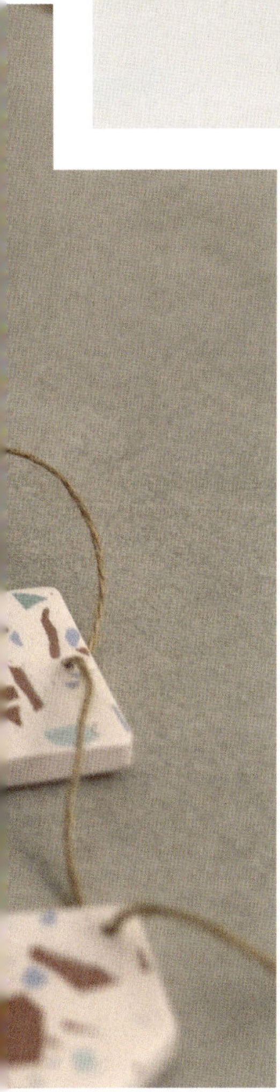

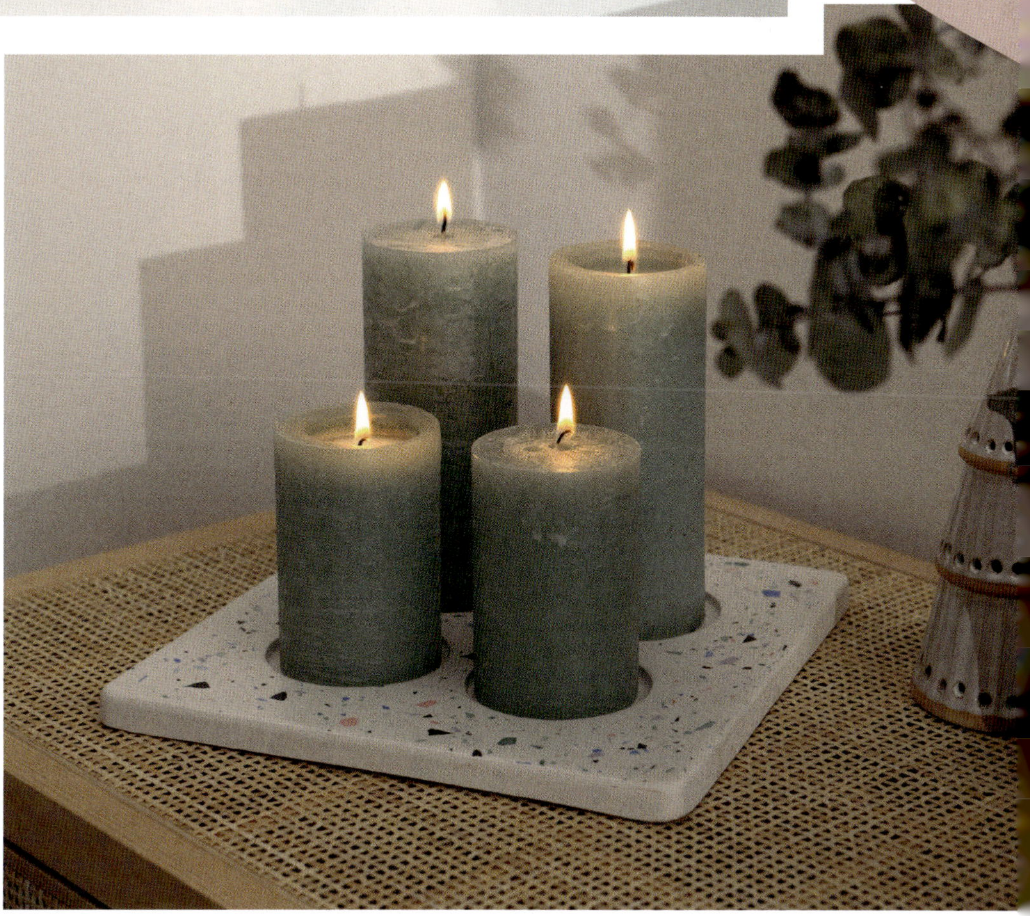

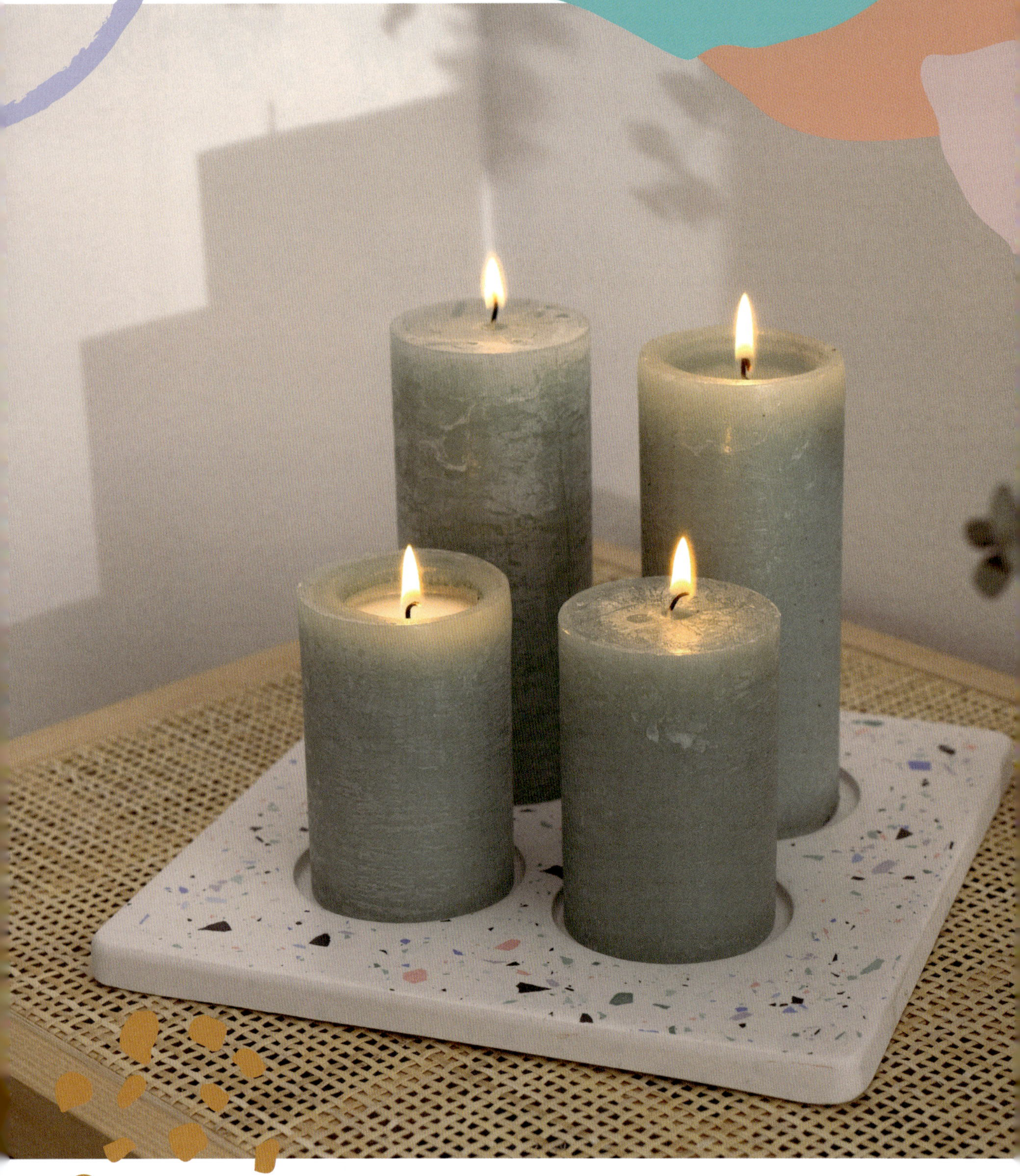

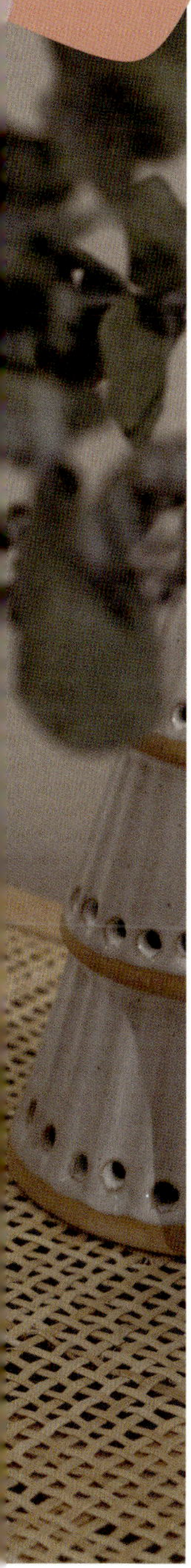

# Advents-Kranz

**Schwierigkeitsgrad**

## Material

- vorgefertigte Terrazzo-Splitter
- Gießpulver + ggf. Pigmentpulver zum Einfärben
- Digitalwaage
- Wasser
- große Schüssel zum Anrühren der Grundmasse
- Rührbesen
- Löffel
- Holzspatel
- Kunststoffform für Adventsplatte (von Rayher)
- Öl zum Bestreichen der Form
- Klarlack & Pinsel

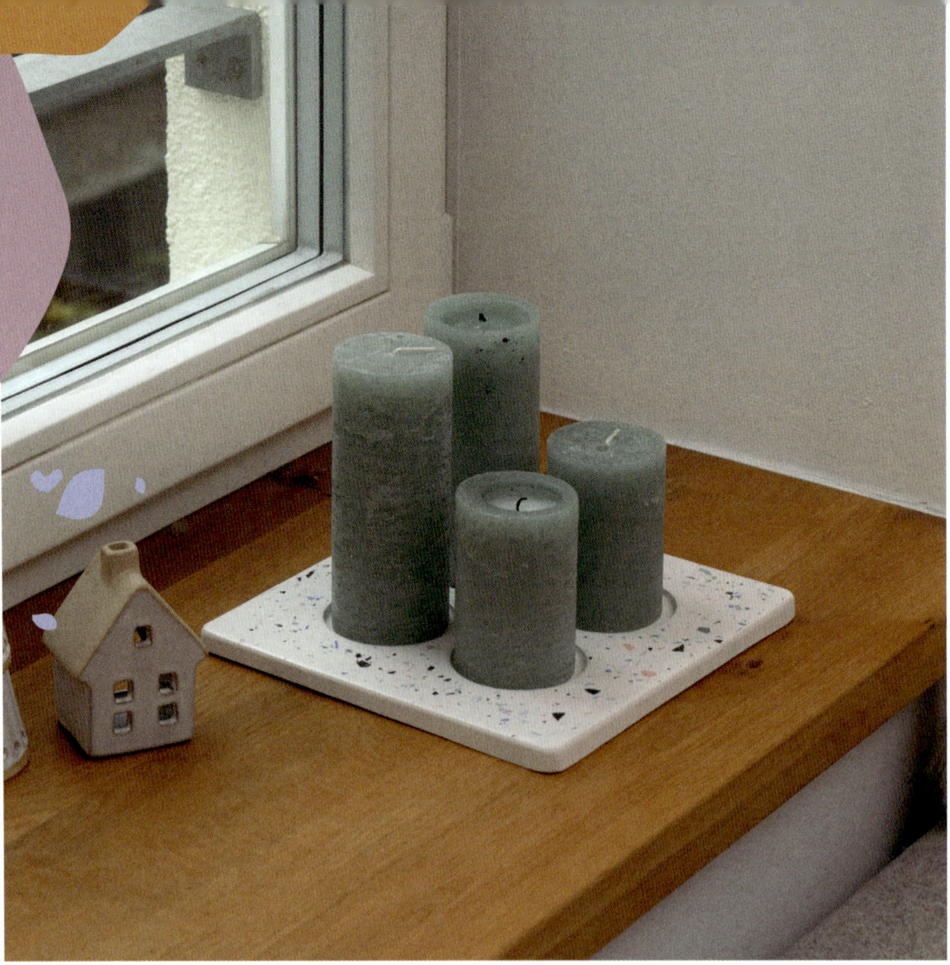

1

Die Terrazzo-Splitter herstellen, wie im Grundlagenteil auf Seite 14 beschrieben. Anschließend ggf. in etwas größere Stücke brechen.

2

Bei Verwendung einer Kunststoffform diese dünn mit Öl bestreichen, siehe Tipps & Tricks auf Seite 26.

3

Grundmasse für die Platte abwiegen und Wasser hinzugeben, wie im Grundlagenteil auf Seite 18 beschrieben.

4

Mit einem Rührbesen vermengen, bis alle Klümpchen raus sind, wenn nötig, nochmal vorsichtig Wasser nachschütten, bis das Gießpulver eine cremig-flüssige Konsistenz hat, die sich gut verteilen lässt (Herstellerangaben beachten).

5

Terrazzo-Splitter hinzufügen – das Volumen der Splitter sollte fast so groß sein wie das flüssige Pulvervolumen. Das klingt erstmal viel, sorgt aber dafür, dass man zuverlässig ein schönes Terrazzo-Ergebnis erzielt.

6

Mit dem Rührbesen alles gut durchmengen, sodass sich die Grundmasse gut um die Terrazzo-Splitter verteilt. Diese Schritte sollten alle nicht zu lange dauern, da die Masse schnell antrocknet! Zügig arbeiten.

7

Die Gießmasse in die Form geben und ungefähr 2 cm hoch befüllen.

8

Mit einem Holzspatel in die Ecken gehen, damit sich die Masse gleichmäßig verteilen kann und keine Luftlöcher entstehen.

9

Mit den Fingern vorsichtig die Form anheben und seitlich abklopfen, damit die Luftbläschen rausgehen und die Masse glatt in der Form liegt.

10

Mit einem Spatel nochmal zusätzlich die Terrazzo-Splitter runterdrücken.

11

Mindestens 45 Minuten trocknen lassen (Herstellerangaben beachten). Größere Gießobjekte können auch noch länger dauern.

12

Nach der Trockenzeit vorsichtig aus der Form lösen und nass abschleifen, wie im Grundlagenteil auf Seite 22 beschrieben. Beim Abschleifen beachten, dass man die Einkerbungen für die Kerzen ausspart und drumherum nicht zu viel schleift, da sonst die Einkerbungen verschwinden.

13

Nach dem Schleifprozess die Platte zum Trocknen so hinlegen, dass von allen Seiten Luft rankommt (Heizung, Gitter o. Ä.) und 48 Stunden trocknen lassen.

14

Wenn die Platte getrocknet ist, kann sie mit Klarlack bestrichen werden, damit sie versiegelt ist. Anschließend vier Blockkerzen draufstellen und die Platte noch mit weihnachtlichen Accessoires dekorieren.

Info:

Wenn du Formen aus Kunststoff verwendest, bestreiche diese vor dem Einfüllen der Gießmasse ganz dünn mit einem neutralen Öl (ähnlich wie beim Backen), dann löst sich das gegossene Objekt viel einfacher aus der Form, und man verhindert, dass die Form bricht. Das Öl sieht man nach der Trockenzeit nicht.

# Geschenkanhänger

Schwierigkeitsgrad

## Material

- vorgefertigte Terrazzo-Splitter
- Gießpulver + ggf. Pigmentpulver zum Einfärben
- Digitalwaage
- Wasser
- Gipsbecher/Gefäß zum Anrühren der Grundmasse
- Rührbesen
- Löffel
- Holzspatel
- Silikonform Geschenkanhänger (von Rayher)
- Öl zum Bestreichen der Form
- Klarlack & Pinsel

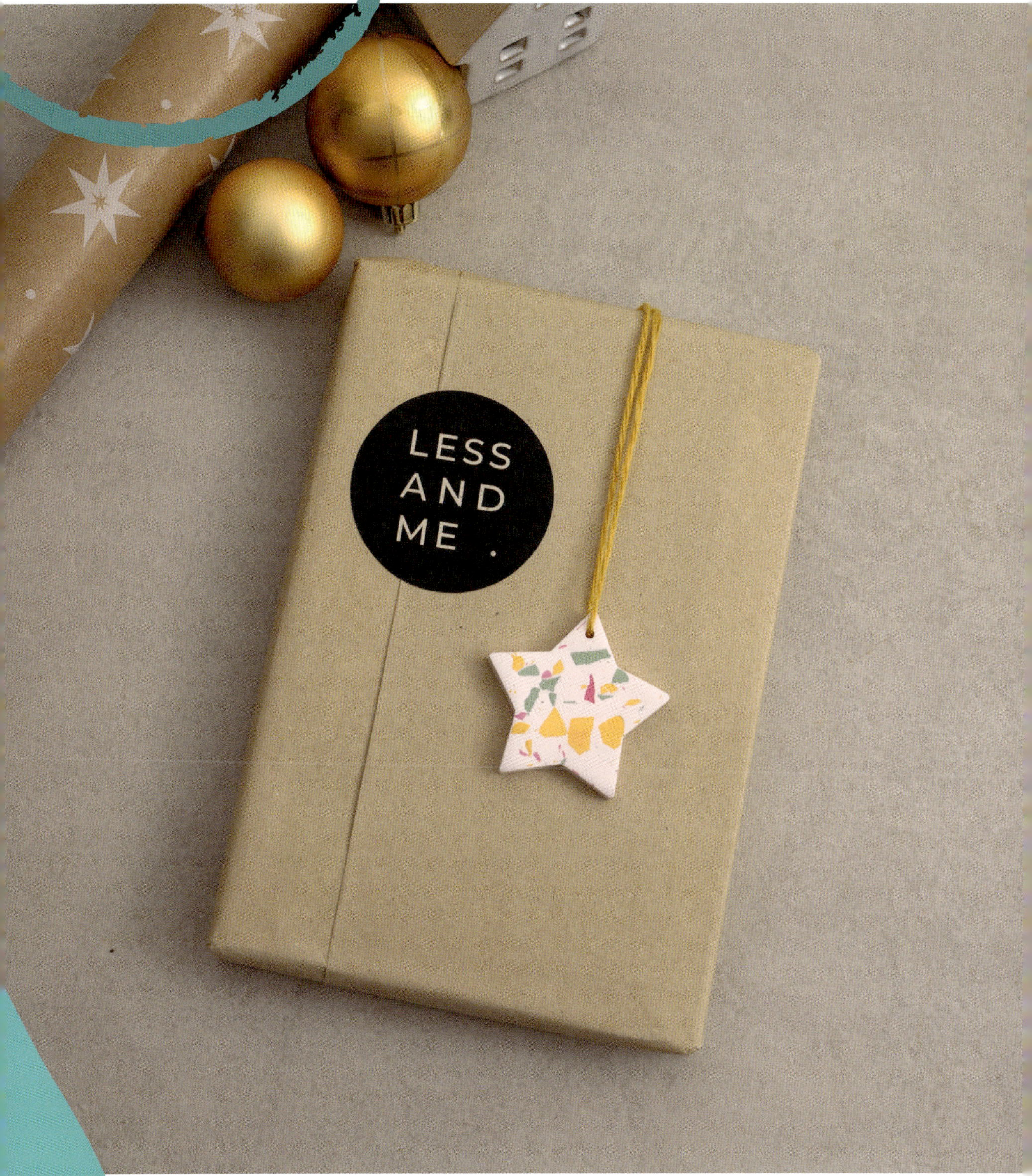
LESS
AND
ME.

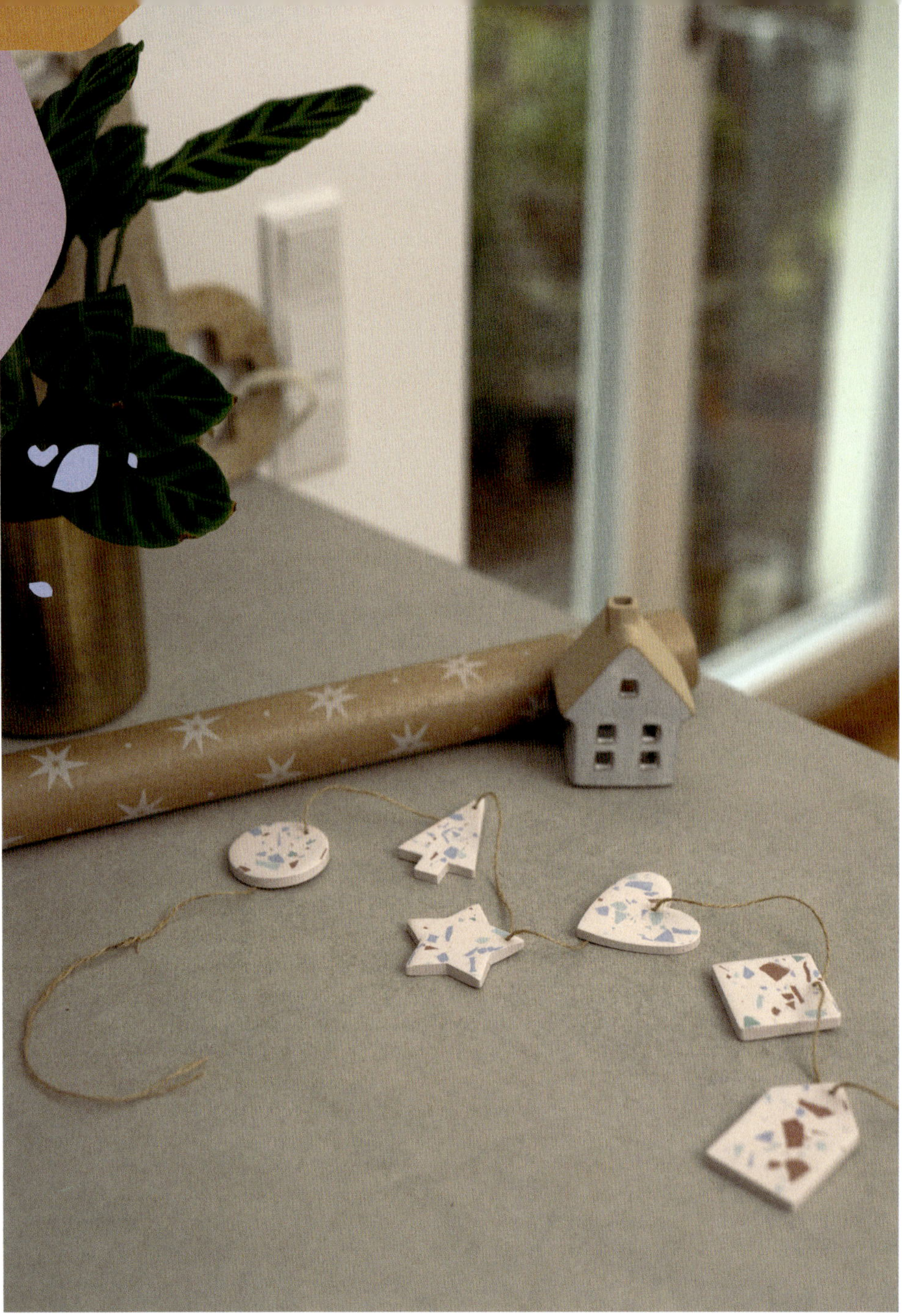

1

Die Terrazzo-Splitter herstellen, wie im Grundlagenteil auf Seite 14 beschrieben. Ich verwerte hier gerne übrig gebliebene Splitter von anderen Projekten.

2

Grundmasse für die Geschenkanhänger abwiegen und Wasser hinzugeben, wie im Grundlagenteil auf Seite 18 beschrieben

### 3

Mit einem Rührbesen oder Löffel vermengen, bis alle Klümpchen raus sind, wenn nötig, nochmal vorsichtig Wasser nachschütten, bis das Gießpulver eine cremig-flüssige Konsistenz hat, die sich gut verteilen lässt (Herstellerangaben beachten).

### 4

Terrazzo-Splitter hinzufügen – das Volumen der Splitter sollte fast so groß sein wie das flüssige Pulvervolumen. Das klingt erstmal viel, sorgt aber dafür, dass man zuverlässig ein schönes Terrazzo-Ergebnis erzielt.

### 5

Mit dem Rührbesen alles gut durchmengen, sodass sich die Grundmasse gut um die Terrazzo-Splitter verteilt. Diese Schritte sollten alle nicht zu lange dauern, da die Masse schnell antrocknet! Zügig arbeiten.

### 6

Etwas Gießmasse in jede Form geben und die Masse Schritt für Schritt mit einem Löffel vorsichtig auf die Anhänger verteilen, sodass die Silikonformen alle gleich befüllt sind.

### 7

Mit den Fingern vorsichtig die Form anheben und seitlich abklopfen, damit die Luftbläschen rausgehen und die Masse glatt in der Form liegt.

### 8

Mit einem Spatel nochmal zusätzlich die Terrazzo-Splitter runterdrücken.

### 9

Mindestens 30 Minuten trocknen lassen (Herstellerangaben beachten).

### 10

Nach der Trockenzeit vorsichtig aus der Form lösen und nass abschleifen, wie im Grundlagenteil auf Seite 22 beschrieben.

### 11

Nach dem Schleifprozess die Anhänger zum Trocknen so hinlegen, dass von allen Seiten Luft rankommt (Heizung, Gitter o. Ä.) und 24 Stunden trocknen lassen.

### 12

Wenn die Anhänger getrocknet sind, können diese mit Klarlack lackiert werden und/oder mit einem Acrylstift beschriftet werden.

**Tipp!**
Perfekt für Gießreste geeignet, da die Anhänger mit einer sehr kleinen Menge gegossen werden können. Man kann sich die Anhängerform immer mal neben das aktuelle Projekt legen, wenn Gießmasse übrig bleibt, ist es eine schöne Möglichkeit, diese noch weiter zu verwenden.

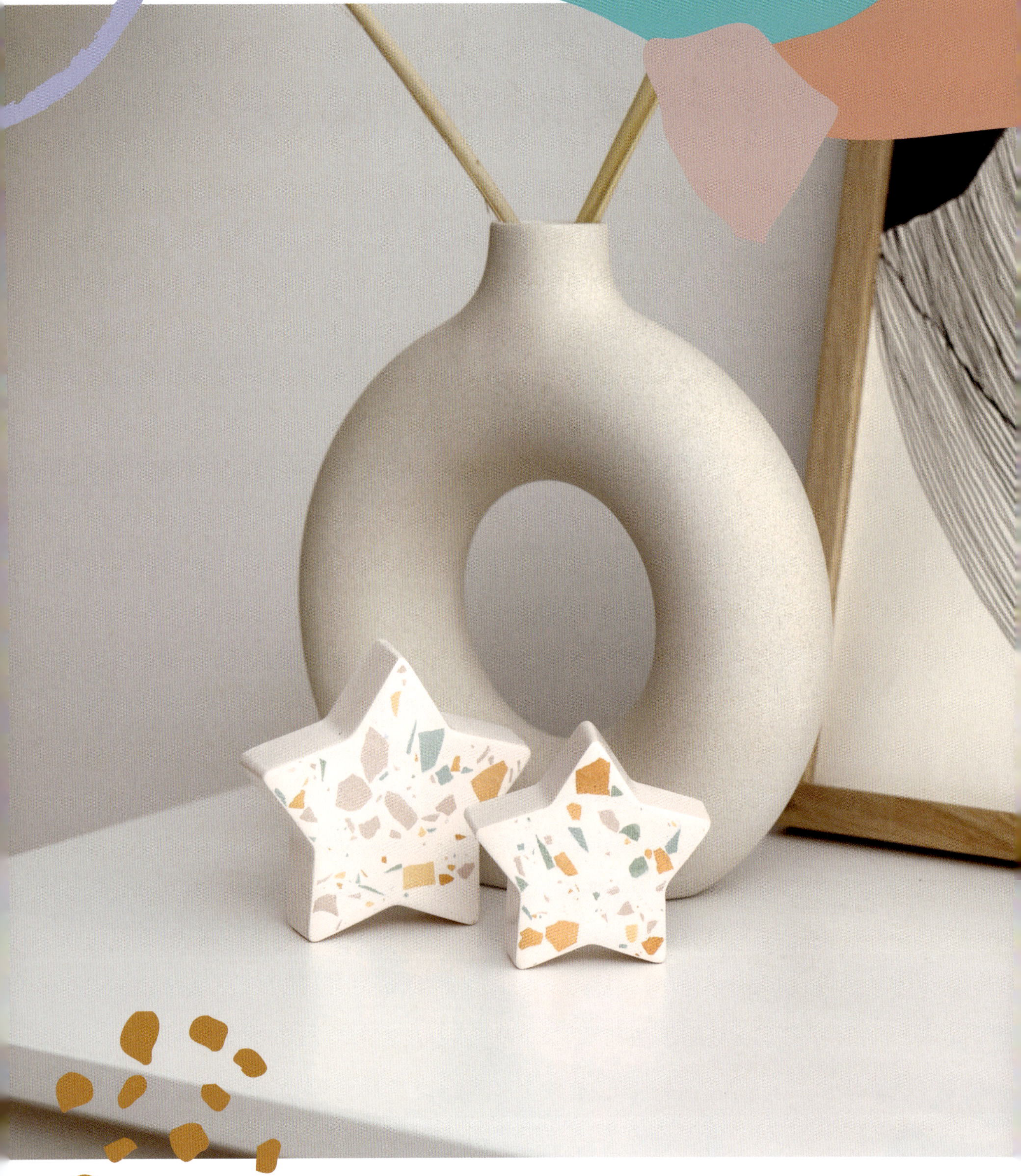

# Dekosterne

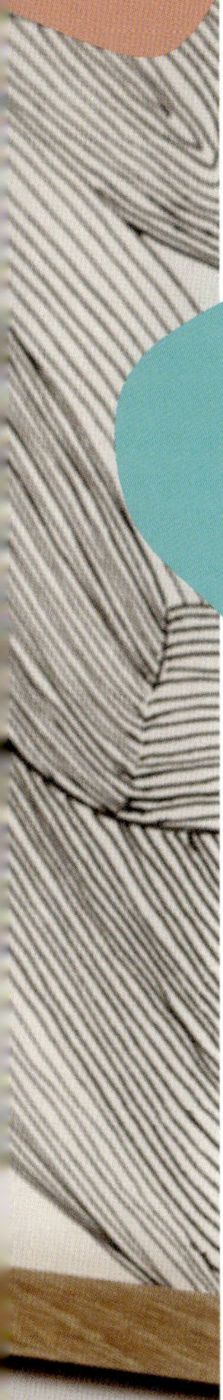

**Schwierigkeitsgrad**

## Material

- vorgefertigte Terrazzo-Splitter
- Gießpulver + ggf. Pigmentpulver zum Einfärben
- Digitalwaage
- Wasser
- Gipsbecher/Gefäß zum Anrühren der Grundmasse
- Rührbesen
- Löffel
- Holzspatel
- Kunststoffform für Sterne (von Rayher)
- Öl zum Bestreichen der Form
- Klarlack & Pinsel

## 1

Die Terrazzo-Splitter herstellen, wie im Grundlagenteil auf Seite 14 beschrieben.

## 2

Bei Verwendung einer Kunststoffform diese dünn mit Öl bestreichen, siehe Tipps & Tricks auf Seite 26.

## 3

Grundmasse abwiegen und Wasser hinzugeben, wie im Grundlagenteil auf Seite 18 beschrieben.

## 4

Mit einem Rührbesen oder Löffel vermengen, bis alle Klümpchen raus sind, wenn nötig, nochmal vorsichtig Wasser nachschütten, bis das Gießpulver eine cremig-flüssige Konsistenz hat, die sich gut verteilen lässt (Herstellerangaben beachten).

## 5

Terrazzo-Splitter hinzufügen – das Volumen der Splitter sollte fast so groß sein wie das flüssige Pulvervolumen. Das klingt erstmal viel, sorgt aber dafür, dass man zuverlässig ein schönes Terrazzo-Ergebnis erzielt.

## 6

Mit dem Rührbesen alles gut durchmengen, sodass sich die Grundmasse gut um die Terrazzo-Splitter verteilt. Diese Schritte sollten alle nicht zu lange dauern, da die Masse schnell antrocknet! Zügig arbeiten.

## 7

Die Gießmasse ca. 2 cm dick in die Form geben, damit der Stern auch gut stehen kann.

## 8

Mit den Fingern vorsichtig die Form anheben und seitlich abklopfen, damit die Luftbläschen rausgehen und die Masse glatt in der Form liegt.

## 9

Mit einem Spatel nochmal zusätzlich die Terrazzo-Splitter runterdrücken.

## 10

Mindestens 45 Minuten trocknen lassen (Herstellerangaben beachten).

## 11

Nach der Trockenzeit vorsichtig aus der Form lösen und nass abschleifen, wie im Grundlagenteil auf Seite 22 beschrieben.

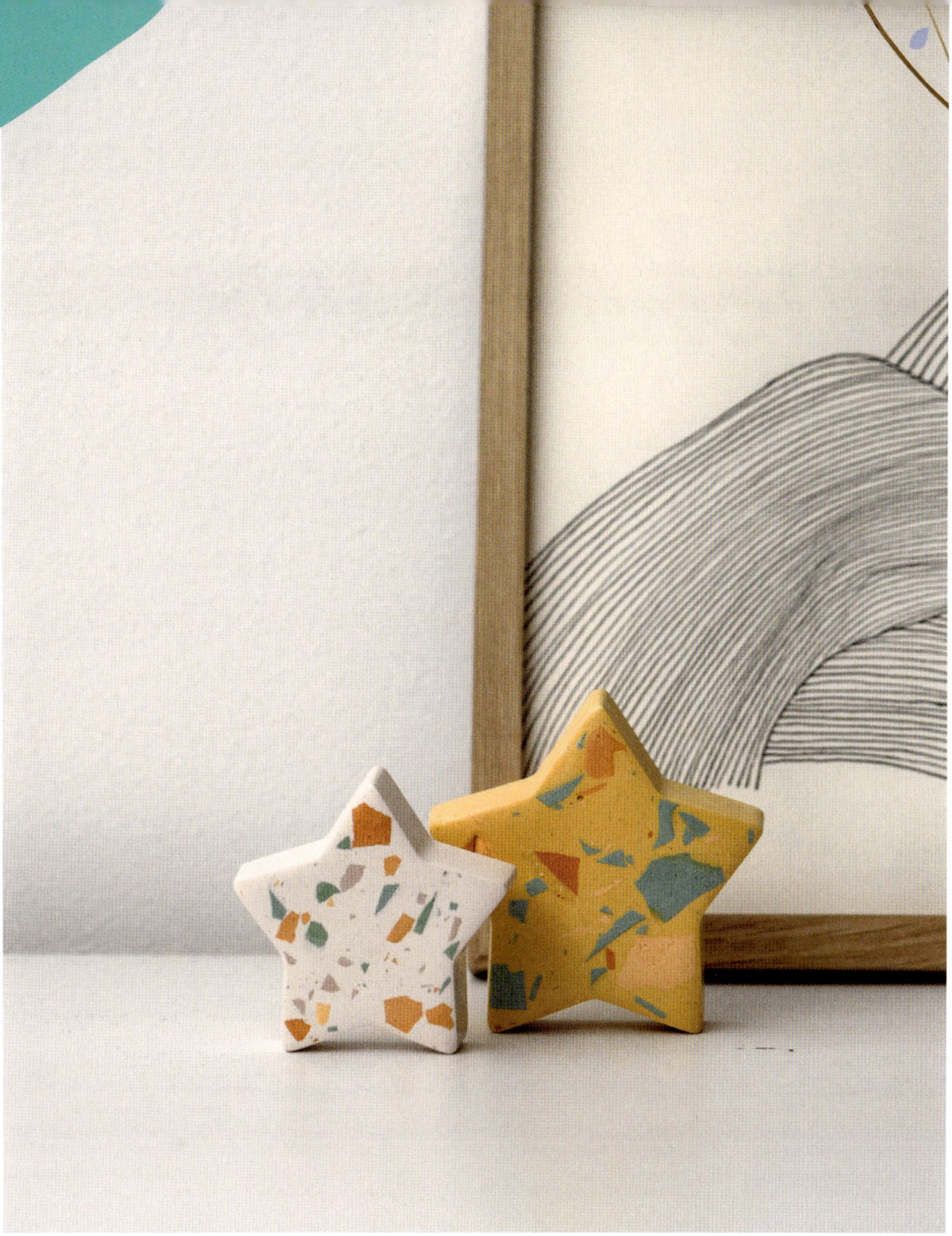

12

Nach dem Schleifprozess die Sterne zum Trocknen so hinlegen, dass von allen Seiten Luft rankommt (Heizung, Gitter o. Ä.) und 48 Stunden trocknen lassen.

13

Wenn die Sterne getrocknet sind, können sie mit Klarlack bestrichen werden, damit sie vor Schmutz und Staub besser geschützt sind und abgewischt werden können.

# Dekohaus

Schwierigkeitsgrad

## Material

- vorgefertigte Terrazzo-Splitter
- Gießpulver + ggf. Pigmentpulver zum Einfärben
- Digitalwaage
- Wasser
- Gipsbecher/Gefäß zum Anrühren der Grundmasse
- Rührbesen
- Löffel
- Holzspatel
- Kunststoffform für Dekohäuser (von Rayher)
- Öl zum Bestreichen der Form
- Klarlack & Pinsel

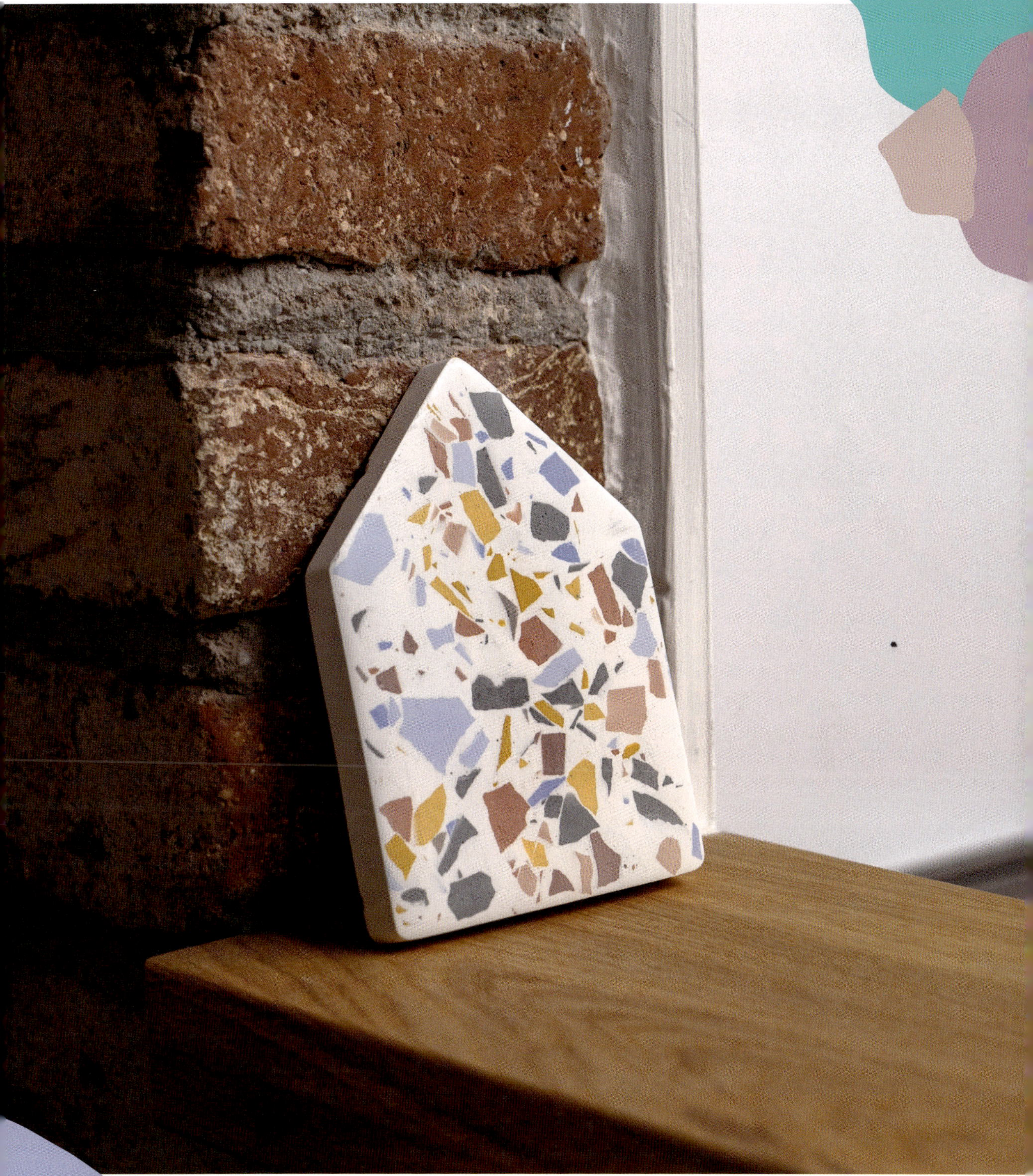

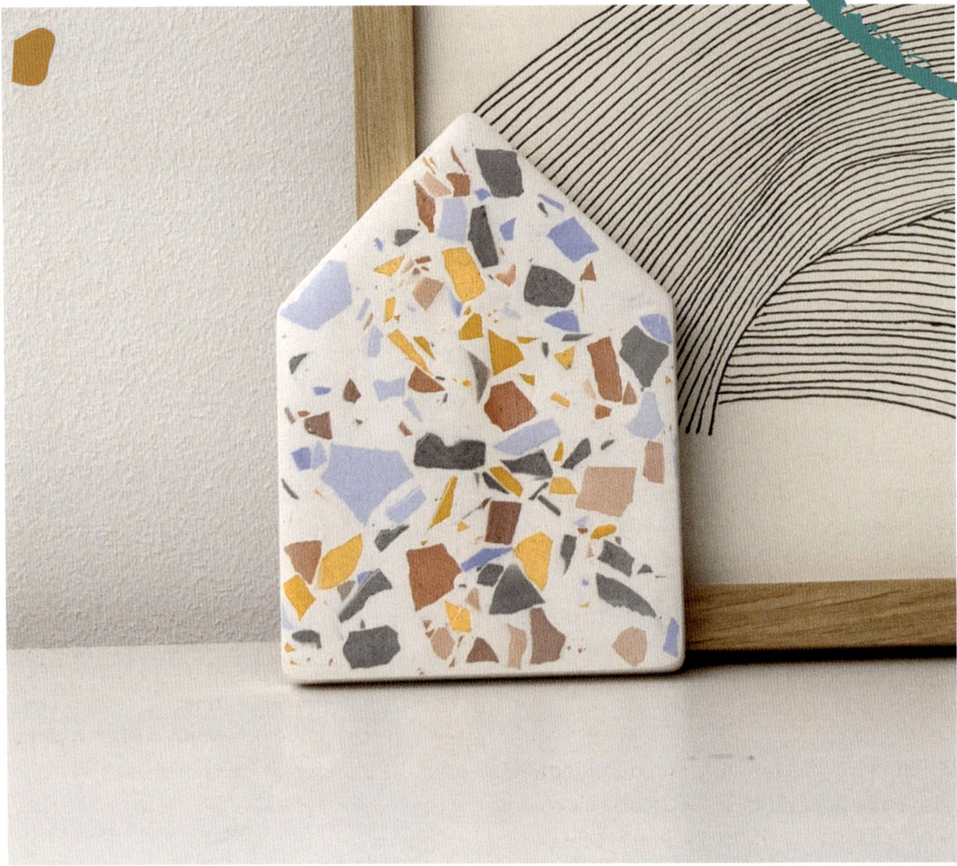

1

Die Terrazzo-Splitter herstellen, wie im Grundlagenteil auf Seite 14 beschrieben.

2

Bei Verwendung einer Kunststoffform diese dünn mit Öl bestreichen, siehe Tipps & Tricks auf Seite 26.

3

Grundmasse abwiegen und Wasser hinzugeben, wie im Grundlagenteil auf Seite 18 beschrieben.

### 4

Mit einem Rührbesen oder Löffel vermengen, bis alle Klümpchen raus sind, wenn nötig, nochmal vorsichtig Wasser nachschütten, bis das Gießpulver eine cremig-flüssige Konsistenz hat, die sich gut verteilen lässt (Herstellerangaben beachten).

### 5

Terrazzo-Splitter hinzufügen – das Volumen der Splitter sollte fast so groß sein wie das flüssige Pulvervolumen. Das klingt erstmal viel, sorgt aber dafür, dass man zuverlässig ein schönes Terrazzo-Ergebnis erzielt.

### 6

Mit dem Rührbesen alles gut durchmengen, sodass sich die Grundmasse gut um die Terrazzo-Splitter verteilt. Diese Schritte sollten alle nicht zu lange dauern, da die Masse schnell antrocknet! Zügig arbeiten.

### 7

Die Gießmasse ca. 2–3 cm dick in die Form geben, damit das Haus auch gut stehen kann.

### 8

Mit den Fingern vorsichtig die Form anheben und seitlich abklopfen, damit die Luftbläschen rausgehen und die Masse glatt in der Form liegt.

### 9

Mit einem Spatel nochmal zusätzlich die Terrazzo-Splitter runterdrücken.

### 10

Mindestens 45 Minuten trocknen lassen (Herstellerangaben beachten).

### 11

Nach der Trockenzeit vorsichtig aus der Form lösen und nass abschleifen, wie im Grundlagenteil auf Seite 22 beschrieben.

### 12

Nach dem Schleifprozess das Haus zum Trocknen so hinlegen, dass von allen Seiten Luft rankommt (Heizung, Gitter o. Ä.) und 48 Stunden trocknen lassen.

### 13

Wenn das Haus getrocknet ist, kann es mit Klarlack bestrichen werden, damit es vor Schmutz und Staub besser geschützt ist und abgewischt werden kann.

**Tipp!**
Das Dekohaus gibt es in unterschiedlichen Größen, und man kann eine ganze Häuserreihe gießen.

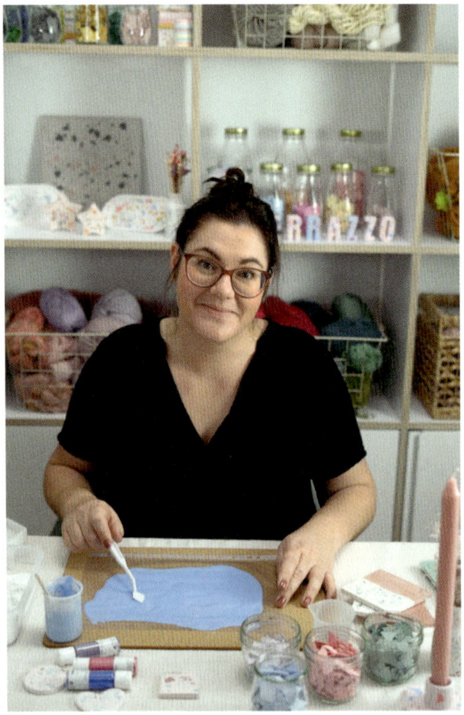

# Über die Autorin

Hinter dem 2017 gegründeten Label Sonntagskreativität steht die Künstlerin Jennifer Dargel, die sich in 2022 mit der Eröffnung ihres eigenen Kreativ-Ateliers in Düsseldorf einen Kindheitstraum erfüllt hat. Hier entwirft sie moderne Stickkunst, repariert Kleidung, gießt Terrazzo-Keramik, webt große & kleine Wandteppiche und vieles mehr. Aber das macht sie nicht ausschließlich, in Workshops – online und vor Ort – bringt sie anderen das kreative (Hand-)Arbeiten bei.

Auf ihrem gleichnamigen Instagram-Profil (@sonntagskreativitaet) nimmt sie ihre Abonnent:innen mit in ihren bunten und abwechslungsreichen Alltag, der dank der großen Unterstützung schon lange nicht mehr nur an den Wochenenden stattfindet.

Ihr Ziel ist es, ihre Leidenschaft weiterzugeben und zu beweisen, dass das kreative Arbeiten auch im Erwachsenenalter ein Ausgleich sein kann, der großen Spaß macht. Mit der Sonntagskreativität Stickbox – ein DIY-Materialset – hat sie eine weitere Möglichkeit entwickelt, ihr Wissen zu teilen. Die beiden bereits erschienen Bücher zu den Themen Sticken & Reparieren reihen sich in dieses Vorhaben genauso ein wie ihr aktuelles Buch zum Thema Terrazzo-Gießen.

Für weitere Ideen & Inspiration besuche mich auf Instagram:

# Danksagung

Ich danke meiner Familie, die mir auch für dieses Buchprojekt bedingungslos den Rücken frei gehalten haben. Meinem Mann, den Großeltern, Tante & Cousine, die es überhaupt erst möglich machen, dass ich die Projekte, die mir sehr am Herzen liegen, umsetzen kann. Manche Familienmitglieder haben auch zum wiederholten Male mit am Buch gearbeitet, Lars Dargel (@larsen), mein talentierter Bruder, der mich auch bei diesem Projekt mit Fotos von mir und dem Herstellungsprozess unterstützt hat. Es ist schön zu merken, wie eingespielt wir alle als Team sind und jeder seine Hilfe gern anbietet. Ich bin euch allen wahnsinnig dankbar.

Ich danke meiner Lektorin, Isabella, mit der ich jetzt schon das zweite Mal zusammen an einem Buch arbeiten durfte. Mit dir zu arbeiten ist einfach bereichernd, du stehst mit Tipps und Tricks zur Seite und lässt mir gleichzeitig die komplette gestalterische Freiheit, was die Umsetzung meiner Projekte angeht – danke für die Wertschätzung meiner Arbeit.

Danke auch an Rayher für die Bereitstellung vieler Materialien, wie Gießpulver, Pigmente und Gießformen. Es war mir eine Freude, mit euren Produkten zu arbeiten.

Der größte Dank gilt den Menschen, die es mir ermöglichen, meinen Traum zu leben. Denjenigen, die meine Bücher und Produkte kaufen, die meine kreativen Workshops in Düsseldorf besuchen oder online teilnehmen. Denjenigen, die mir auf Instagram folgen und diese kreative Community seit Jahren wachsen lassen. Denjenigen, die mit mir sticken, reparieren und jetzt auch gießen. Denjenigen, die sich mit mir über jedes neue Projekt freuen und mich mit jedem Einkauf, Like, Nachricht unterstützen. Ich danke euch von ganzem Herzen.

Und jetzt mal sehen, welches kreative Abenteuer als Nächstes auf uns wartet!

# Meine Notizen